JN071329

イタリア・ルネサンスの世界

The Renaissance
Second Edition

◎Alison Brown アリソン・ブラウン 著
◎石黒　盛久
◎喜田いくみ 訳

論創社

イタリア・ルネサンスの世界　目次

本書の引照法についての注意書き

〔5〕のように亀甲括弧で示された番号は、巻末の文献目録の番号を示すものである（各図書の特定の引照ページはイタリック体で表示される）。亀甲括弧内の番号で「史料」という語が付されている場合（〔史料5〕のような例である）は、本書の本文に続く史料編に収録された、対応する番号の文献を読者に表示するものである。

第1部　序　論

1　解釈の問題

「もし我々がいずれかの時代を黄金時代と呼ぶとすれば、それはかくも豊かな知性の隆盛を生み出した我々の時代であるに違いない……それもその全てはこのフィレンツェで生じたことなのだ〔史料1〕。」ルネサンスをめぐるあらゆるイメージの中で、フィレンツェの黄金時代というイメージは最も魅惑的なものである。そしてつい最近までほとんどの人々が、それに基づいてルネサンスを理想化してきた。その憧れの人々として、彼の時代まで忘れ去られていた、またはなおざりにされていた主題を蘇らせた詩人、著述家、芸術家を列挙することによりマルシリオ・フィチーノは、「古典古代の復活」というルネサンスの理念の形成に寄与した。「古典古代の復活」とはすなわち主題の復活であり、詩、歴史と演劇、建築と絵画のような主題は、古代ギリシャやローマでは研究されていたが、中世には学ばれていなかったものであった。

つい最近まで我々は冒頭に掲げたフィチーノの手紙を、劇的な復活の時代としてルネサンスを描写する、一次史料であるとみなしていた。あるひとりの学生が表現したように、「喜びに満ちた生」の時代であると目してきたのである。しかし今や楽観的な文化の新生の証拠として、無批判にその手紙を了解する歴史家はほとんどいない。代わりに彼らはそれを、フィレンツェのみならずメディチ家をも賞賛するために書かれた一片の広告、プロパガンダであると考えている（フィチーノはこの手紙を、著名な天文学者で知識人でもある、或るドイツ人宛に書いていた）。メディチ家は彼のパトロンであり、この文化的復活を後押ししていたのだ。

同様のことはルネサンスの評価につき一段の影響力を有したジョルジョ・ヴァザーリ（一五一一－七四）による、『画家・彫刻家・建築家列伝』についてもいえよう〔27〕〔史料4〕。一六世紀中頃に書かれたヴァザーリの『列伝』は我々に、ルネサンス時代に活動していたイタリア人芸術家すべての豊富で活気に満ちた生き様を提示してくれている。それはチマブーエやジョットのような一三、一四世紀の画家から「慎ましく始まり」、一六世紀のミケランジェロをもって「最高潮に達する」。彼の筆になるミケランジェロの伝記は、これらの芸術家に関する証拠資料のうちで今日まで、依然最も頻繁に引用されるものである。しかしヴァザーリは、メディチ宮廷の画家であり建築家でもあったので、フィチーノと同様に、主にトスカーナの業績という観点からルネサンスを賞賛したという点で、偏りがあったかもしれない。イヴリン・ウェルチの『イタリアの芸術と社会、一三五〇－一五〇〇』〔157〕のような本は、フィレンツェ周辺に集まった個人ではなく、イタリア中の工房やイタリアを取り巻く背景を描写することで、その偏りを修正しようとしている。

また芸術を、「生まれ、育ち、老い、そして死ぬ」人体と形容することによってヴァザーリは、成長と衰弱の不可避の過程としてのルネサンスという理念を強調した。これは後世の著述家たち、とりわけ次に述べるヤーコプ・ブルクハルトの如き一九世紀の著述家に、多大な影響を与えた理念であった。ブルクハルトの生きた時代とは、人々が新たにかちとった、自由や世俗主義の起源を辿ろうとした時代であった。しかし今日もはやこうした思想に、かつてのような影響力はない。もちろん芸術は人体のようなものではない。今や我々は芸術とは自然の決定論的周期ではなく、むしろ流行のきまぐれな変化に、左右されるものであると考え始めるようになってきている。

以上のような理由からフィチーノやヴァザーリのような著述家は、もはやルネサンスを描き出すための信頼できる情報源ではなくなってしまった。文化復活の貴重な目撃者であるどころか彼らは、今となっては偏った考えを持つ運動のセールスマンのように見えてしまう。ある歴史家が最近発言したように、彼らは「我々から遠ざかり、年々我々から縁遠いものになり始めている」〔45, *p.* 210〕。厳密に言えば、当然これは言うまでもないことだ。スイス人歴史家ヤーコプ・ブルクハルトが彼の革新的な著作『イタリア・ルネサンスの文化』でそうしたように、我々の価値尺度に照らしてルネサンスを「現代的」と見るのは時代錯誤でもある。その著作が一八六〇年にバーゼルで出版されたブルクハルトは、ルネサンスをその時点でのイタリアの生活の全側面——政治的や社会的であると同時に文化的なものも関わる歴史的時代——と定義しようとした最初の人物でもある。彼の著作は今日でも、ルネサンスを研究するあらゆる人に出発点を提供してくれる最高傑作である。しかしそのスケールと豊かさそれ自体のために、進歩や「文明化」、あるいはその個人主義に関してルネサンス概念がはらんでいる潜在的な価値判断を、それが見落とし易いものであったことも否定できない〔*44, pp. 81, 84, 104*〕。

このことを示すために我々は、イギリス人女性著述家で小説家のフェルノン・リーによる、ルネサンスについての著書をとりあげてみよう。この本は、ブルクハルトの著書が初めて出版されてから二〇年後に、そして最初の英語翻訳版が出版された直後に書かれた。『ユーフォリオン』(ロンドン、一八八五年)の中で彼女はこう書いている。「他のヨーロッパの諸地域では、彼ら自身の本質に関する曖昧で半端な意識とともに、人間は退廃的な中世のよどんだ理念と崩壊しつつある諸制度の間でもがき苦しんでいた一方、大胆で探究心に富み、懐疑的なイタリア人たちは、彼らの偉大な都市と同様に整然とした人生を穏やかに歩んでいた。」〔*p. 28*〕ブルクハルトの考えをイギリスへと伝達する回路として機能することで、彼女は未だに我々のルネサンスに対する考え方に影響を与えるだけでなく、なぜ今日それがかくも時代遅れなものに見えるのかを説明することに役立っている。中世を退廃した時代と見なす彼女の評価によって、中世研究者が感情を害されたと感じるのみならず、誰もが彼女の一般化が依拠する憶説を好まないのではないだろうか。

このことの根底にあるのは、ブルクハルトに対するまた別の批判である。それは、包括的なものとしてルネサンスを捉えるという彼の考え方に他ならない。エルンスト・ゴンブリッチによると、その当時の大半の民衆が新たな思想の影響を全く受けなかったとわかった以上、ルネサンスの時代精神が生活のあらゆる側面に影響を及ぼしたと思い込むことは余りにも危険である。こうした理由から彼は、文化的流行としてルネサンスを描き出そうとした。例えば芸術において、後のラファエロ前派やフォーヴィズム運動のように、華麗な国際ゴシック様式の豊かさの後に、素朴な簡素さへの回帰が受け入れられたのである。彼の評論は一九六〇年代と一九七〇年代に、時代というよりも運動としてのルネサンスに関する、そしてまたその運動がルネサンス以前や以後の古典復興とどの程度異なるのかということに関する議論を促進させた〔78; 80; 150〕。

ここ十年でこうした議論は様々な方向へと発展した。パトロネージに重きを置くことは、ルネサンスを創り出す上での芸術家と著述家の重要性を突き崩すことに寄与している。個人の才能以上に重要なのは、組織であれ個人であれ、作品を注文し支払いをするパトロンであった〔100〕。それと同時にまた別のルネサンス個人主義の限界が、ジェンダー歴史学者や大衆文化の歴史学者によって指摘されている。ジョアン・ケリーは今やよく知られた論文「女性にルネサンスはあったのか？」によって、ブルクハルトに挑戦している〔96〕。ブルクハルトは古典復興が教養ある男女を等しく刺激したと考えたが、実際には全くその逆であった。ケリーの議論によると、性差を再導入し、政治だけでなく文化の領域における男性の優越を強化することを、古典復興は促したという。ブルクハルトはルネサンスに関する彼の一見包括的な描写から、あまりにも多くを省略してしまってもいる。省略されたものとはすなわち、新たな思想に全く影響されることのない深く根付いた迷信と宗教的信仰を持つ、非常に多くの普通の人々であった。ヴェネツィアにおける『拳の戦争』〔61〕や『ルネサンス・ローマの言葉と行動』〔54〕、最近発刊された『ルネサンス・イタリアの性と社会』〔40〕にとりあげられた試論などは、ルネサンス期の高級な教養文化をエリート主義的で今も昔も大部分の民衆からかけ離れたものと見なすとともに、彼等の路上での生活やその性的関係を描き出すことにより、こうした普通の人々の肉声を回復しようと試みている。

パトリシア・サイモンがルネサンス期の肖像に関する模範的研究において明らかにしたように、ルネサンスの言語を「脱構築の手法で分析し」、その曖昧さや不確定さを明らかにするポスト構造主義の批評技法を活用することにより、こうした批判はいっそう激しいものとなった〔141〕。ポスト構造主義の批評技法は、美術の背後にあるルネサンスの思想やイメージの政治的かつ社会的機能を我々がよりよく理解するためにも有効である。ルネサンスの思想やイメージは、インスピレーションの源泉としてだけでなく、権力構造つまりは「表象システム」としても機能した。マルクス主義、「アナール学派」、ポスト構造主義といった一九六〇年代から一九八〇年代に支配的であった解釈の典型的「枠組み」を反映しているこれら全ての手法は、我々にいかにしてより批判的に読むかということを教え、ルネサンス時代の文書の限界や偏見を理解する有用な方法を提供してくれる。そして今度はそうした方法が、ルネサンスに対するより自由な消費主義的なアプローチを推し進めた。このアプローチは交換の相互的、双方向プロセスとしてルネサンス理念の循環を解釈するために、商業の非価値評価的言語を採用するものである。

だがこれらの新しい理論的枠組に従うことによって、この時代の社会・政治構造に深く根付いた文化運動としての歴史的ルネサンスを見落とすという危険が我々にはないのだろうか？　ここではこの文化運動を、それと並行して起こった教会における進展と比較することが役に立つかもしれない。フランス人歴史家ミシェル・ド・セルトーは、歴史学的かつ文化人類学的変化の観点からそれを説明し、一四世紀から一六世紀にかけて起こった重要な神学的転換について論述している。この転換とはすなわち、旧社会ネットワークの崩壊と専門化したエリートの台頭（「そしてまた、そのことを実現可能なことと思わせる新たな概念モデル」）に他ならなかった。それが今度は、エリート層から脱落した人々を周縁部へと追いやる一因となった。教会による視覚的な方法を通して支配権を再獲得し、社会を再統合しようとする試みは、同様のプロセスに関わる世俗権力のそれと同時進行で起こっていた〔63, *pp.* 85-7〕。こうした視覚的な方法として、「信仰心を引き出すための演劇」、図像や例えを用いた説教、「聖体顕示台」または聖体奉挙、上演されたり描かれたりした祓魔式や奇跡譚が挙げられる。この観点から古典古代の文化は、「実現可能と思わせる新たな概念モデル（新たなエリート層という地位）」を創出しただけでなく、例えば政府公邸、広場、聖堂、劇場、個人の邸宅といった公的・私的空間に影響を与える古典的な形や図像を構成する、視覚言語をも提供したのである。

このようなやり方に基きその社会的・政治的起源を通じてルネサンスを理解することは、ルネサンスから興奮や目新しさといった要素を取り除くことにはならない。本に対する情熱や、「古典世界への入り口であり教師であるような」オウィディウスへの愛、それから「その影でトスカーナの全ての人々を覆いつくすほど大きな」ブルネレスキの巨大天蓋に対する称賛を記述することによってそうした要素は、ルネサンスの人々自身の著作から今日もなお発散され続けている。この時代の目新しさのうちには、ルクレティウスの『物の本質について』のような失われた文書の再発見、ネロの黄金宮殿の古代彫刻や絵画はもちろん、火薬や印刷術の発明のような新発見、アメリカ新大陸発見といったものが含まれる。また、これまで等閑視されてきた「未開人」や再発見されながらも禁圧されてしまった危険文書に対する偏見や黙殺への着目は、人文主義者の自身に対する高踏的な見方を調整する上で有用なものである。だから著述家や芸術家が彼らの時代を、新しい復活の時代と呼び、前時代を亡者の時代と呼ぶとき、彼らは単に古代の復興をではなく、時には新発見に恐れを感じながらも、その斬新さに対する心からの信仰を表現しているのである。

ルネサンスという時代概念が死に絶えたものではないことは明らかである。それどころかルネサンスは私がそれについて前版で書いた際にそうであった以上に、生き生きとしたものになっている。これが前版から一〇年を経て、本書の改訂に取り組むことを決意した理由である。単に本書を古典復興に関する記述に限定したものにしたり、近年出版されたある著書〔101〕がしたように、ブルクハルトが無視しながら近年関心の的となっているトピックを盛り込む目的のために、単に本書のページを増やしたりするのではなく、総合的な自己形成の動きとしてルネサンスを捉えるために私は本書を改訂したのである。啓蒙主義運動同様、ルネサンスは正に「一揃いの」価値と関心を表明する運動に他ならなかった〔120〕。このような一揃いの価値と関心は進歩的なものと主唱者によってみなされていたが、それは迷信や無知の代わりに道理や知識に基づくものであったからである。

ルネサンスはまた、一定の年代や地域によって限定される包括的な時代として描写することが困難な現象であった。しかし、強調点や進度はそれぞれの地域で異なっていたとしても、このような観点に基き時代に一貫性を与えることを通して、相互作用の同様のプロセスが中世後期から近世ヨーロッパの理念と社会的及び政治的構造との間で生じていたのである。

このルネサンスという丸薬またはパッケージが内包する理念を探るために、私は前回と同じ道筋を辿るつもりである。つまり、その構成要素やその影響の描写に取り掛かる前に、ルネサンスという名そのものとルネサンスが興った背景を議論する。フィレンツェは多くの点で、これらの構成要素の多くが試みられた「十分に設備の整った実験室」(出典：100, *p. 3*)であり、そのために相変わらず本書の中心であり続けるものの、特に当時の宮廷文化に関する近年の研究の観点から、我々はその功績をもはや唯一無二のものであるとみなすことはできない。また、一九九二年以後にルネサンス研究が採用した新たな方向性に対する回答として私は、ルネサンスの「暗黒」面として排除された側面、そして消費主義的な拡張や新天地探検についてよりいっそう目を向けて行きたいと思う。参考文献目録は最新のものに改められ、新たに二つの史料が付け加えられた。その他、このSeminar Studiesシリーズが厳格に定める範囲規定とルネサンスとは何であったのかということに関する私自身の理解に留意し、前回と同様の議論に則したアプローチを取り続けることとする。つまり、この激動の時代の眺望と精神の批判的理解の案内役として、これらの新たな発見に対する興味と興奮の糸を追究することにしたい。

2　復活の概念

「ルネサンス」という言葉は一九世紀までほとんど用いられていなかったが、他方「再生」という理念は目新しいものではなかった。キリスト教自体が洗礼名でもって「生まれ変わった」人を創り出す洗礼の儀式を通して、再生という概念を大衆化させていた。キケロは、大火による周期的な世界崩壊と再生というストア派の学説を説明するために既にrenovatioという言葉を用いており〔『神々の本性について』第2巻、46、118〕、中世を通じてこの言葉は使われ続けた。だからペトラルカ（一三〇四－七四）が、人間は古典古代という「純粋で汚れのない光輝く時代へと回帰する」ために「暗闇を抜けた」として、一四世紀における新たな時代の幕開けを提唱した時点で、それは本質的に新たな理念ではなかったのだ。では何が新しかったのかといえば、それは「再生」という理念が受容され、広範に行き渡った改革運動のスローガンとなったという点にあった。

ペトラルカが新たな時代の幕開けについて語ってから間もなく、彼の友人ジョヴァンニ・ボッカチオ（一三一三－七五）は、いかにして画家ジョット（一二六六－一三三七）が何世代にも亘って忘れ去られていた芸術を蘇らせたのか、またいかにしてダンテが詩という死に絶えた芸術を生き返らせたのかを描写した。ペトラルカの死後ボッカチオは、女神たちを彼女らの「汚れなき美の世界」へと呼び戻し、「高潔な精神にほぼ死に絶えていた……パルナッソス山への道が開かれ、その頂上へ到達可能であるという希望を蘇らせた」として前者を称賛した。絵画、彫刻、建築、そして文学といった失われた芸術の再生に寄与した人々の輪に著述家や芸術家が次々と加わっていたので、一五世紀までに再生という理念は当時のイタリアにおける文化的復興を表現するための一般的な用語となりつつあった〔史料2〕。

再生の理念は、歴史の新たな時代区分と同時発生的であった。ロバート・ブラックが言うように、ルネサンスの概念はある歴史区分案を前提としている。「再生がもたらされるために、誕生に続いて死がなければならない」〔34, *p. 51*〕。四つの時代に区切ったり、六つの時代に区切ったりする中世まで生き残った多くの様々な区分案があったものの、〔聖アウグスティヌスによって糾弾された〕歴史の循環に対する古典思想と、キリスト以前（BC）とキリスト以後（AD、キリスト紀元すなわち「我等が主における年」）に時代をはっきりと区切るキリスト教年代との間には、根本的に明確な差異があった。他に先立ちペトラルカは再生の理念を提唱し、古代と現代の間の時代を「暗黒時代」と呼んだが、その狭間の時代を medium aevum つまり中世と呼んだ最初の人物は、一五世紀の歴史家フラヴィオ・ビオンド（一三九二－一四六三）であった。当初この暗黒時代というものがどれだけ長く続いたのかということに関し、一致した意見が全くなかった。人文主義者アレッツォのドメニコ・バンディーニ（一三三五頃－一四一八）は、一二世紀ルネサンスから彼の時代までのわずか一〇〇年間であると主唱したが、レオナルド・ブルーニ（一三七〇頃－一四四四）はローマ帝国滅亡から一二世紀のイタリア自治都市国家復活までの七〇〇年間であると主張した。一五世紀中頃までに、一般的には中世は四一二年のローマ帝国滅亡から一四一二年までの一〇〇〇年間続いたということに落ち着いた。

先の時代と自身の時代を対照するために人文主義者によって用いられた形容詞は、彼らの偏見を明らかにしてくれる。「野蛮な」、「粗野な」、「暗黒の」といった形容詞を中世に対して用い、「文明化された」、「洗練された」、「明るい」といった形容詞を自身らの時代には用いたのだ。すでに見てきたように、彼らの言語は当初、進歩の証拠として考えられていた。続いて彼らの言語は神話製造機と評されるようになった。C・S・ルイスはそれを、「単純に我々がその人々自身から受け継いだ神話」と評している〔38, *p. 12*〕。近年に至っては、人文主義者たちはまさに中世の文筆家たちから生－死－再生の新たな時代区分思想を借用したが、それは実に、あたかも皇帝であるかのように振る舞う当時の教皇たちを非難するためであったとすら、言われるようになっている。ルネサンスにおいて、この区分案の何が新しかったのかといえば、それは教会の歴史から「世俗の文化と歴史へ」の移行に他ならなかった〔34, 特に *p. 66*〕。

だが、この再生の理念を独創性に欠けた神話でしかなかったと捨て去るより我々は、むしろそれを古代との文化的連関を偽装することにより、その新しさを隠蔽する試みであったと見るべきであろう。ド・セルトーが述べたように〔38, *p. 13*〕、一七八九年に同様なやり方で彼らの歴史を書き換えたフランスの革命家たちと同じく、ルネサンスの人々はある事業を企てていたのである。それは何を「死」として捨てるか、何を前時代との不可欠な繋がりとして保持するかを決めることにより過去を書き換え、更新することである。再生の言語が進歩や自由と結び付けられたという事実は、北イタリアにおける自治都市の正当化という政治的な意図があったということを示している。最初に政治的自由が文化の繁栄には不可欠であると提言したのは、パドヴァの人文主義者たち――彼らは後に専制政府に屈してしまったが――であった。そして同様にその自立を確保するために戦った（フィレンツェの）コルッチョ・サルターティやレオナルド・ブルーニが彼らに続いた〔134, *p. 165*、史料3〕。一六世紀にはまさにこれと同じ理念が、『画人列伝』においてヴァザーリによっても適用された。それは「我々の時代に完成の域に達するために」、ローマ帝政の時代から初期自治都市の再生に伴う緩やかな復活に至る期間、建築と絵画は衰退したのだと説明するためであった〔史料4〕。

再生の理念は一六世紀までにイタリアにおいて確立されていたが、通底する一貫性を以て「ルネサンス」という語が個別の歴史的な時代区分を描写するために用いられたのは、一八、一九世紀以降であった。驚いたことに、今日そうであるように中世と対にして語られるルネサンスという語を我々がはじめて目にするのは歴史書においてではなく、おそらくは一八二九年に出版されたバルザックの小説においてであった。そこでは、主人公の一人がこう述べている。「彼女はイタリア絵画とフランドル絵画についても、中世とルネサンスについても饒舌に論じることができた」。この一節はルネサンスが、その時点までにすでに知られた概念になっていたことをよく示している。だから、フランス人歴史家のジュール・ミシュレ（一七九八－一八七四）は厳密に言えば、彼が自身をそう呼んだとはいえルネサンスの「考案者」ではない。しかし、彼はルネサンスについての著書（一八五五年）を初めて書いた人物であり、ルネサンスを描写するために「世界の発見」や「人間の発見」といった言い回しを考案した初めての人物ではあった。ブルクハルトが彼の『イタリア・ルネサンスの文化』(44)において利用し、前章で触れられた理由により近年批判にさらされているのが、まさにこれらの概念に他ならない。ブルクハルトによるイタリア人文主義者たちへの依存という傾向は、人文主義者たち自身が、再生の言語や理念にどれほど依存していたのかという新たな疑問を引き起こしている。

3　初期ルネサンス　八〇〇～一三〇〇年

古代の文化はヨーロッパから完全に消え去ることはなかった。これは、ローマ帝国の分裂や五世紀におけるその崩壊の後、修道院の図書館によって古代文書が保護されたおかげであった。とはいえ、シャルルマーニュは八〇〇年のクリスマスの日にローマで戴冠した後、古代ローマの文学、芸術、建築、および政治機構の広範な復活を振興することによって、西ヨーロッパにローマ帝国を再建しようと試みたのである。これがいわゆる八世紀と九世紀に起こった最初の重要な古典古代の「復活」＝renovatio である。古代の文字史料研究が綿密に行われ、フェリエールのループスのような学者によって校合された。こうした古文書は、古代の素描を手本にした挿絵で装飾され、後に一五世紀の人文主義者たちが、これが古代の字体だと思い込んで真似た、明瞭かつ丸い字体で筆写されたのである。つまり、今日の我々が目にする印刷版は真に古代の字体ではなく、実際にはカロリング朝起源の字体に基づくものなのである。アインハルトの『カール大帝伝』のような文学的伝記は、スエトニウスの『皇帝伝』をモデルにして書かれ、新たな宮廷学校では古代のカリキュラムが再びアルクィンのような学者によって教授されるようになった。アルクィンは、シャルルマーニュが廷臣たちを教えさせるためにヨークから招き寄せた人物である。アルクィンは宮廷に新たなアテネを創るべく、「自由七科におけるプラトンのアカデメイア」を「キリスト教の教え」と結合したいと望んでいた〔122, *p. 15*〕。建築における復活もあった。残存していた古代ローマの建築物に加え、ウィトルウィウスの『建築論』もまた、アーヘンに造営されたシャルルマーニュの宮殿のモデルを提供したのである。この復活は広がりを見せた。この後に荒廃と政治的無秩序の時代を迎えることになったのだが、まさにこの復活が古代モデルを保存することに寄与したのである。さもなければ、続けざまに起こる蛮族の侵攻の間に、こうした古代モデルは消えて無くなってしまっていたかもしれない。

次の重要な復活は一二世紀に起こった。それは一部の歴史家により、一五世紀ルネサンスよりも重要なものとみなされている。この復活は世に広く普及し、科学的な知識や「スコラ哲学」と呼ばれる論理の体系化がもたらされた。スコラ哲学は、少なくとも一七世紀までヨーロッパの大学に著しい影響力を持っていた〔32, *p. 71*〕。この復活は、ヨーロッパ全域における経済復興の時期に起こったのである。十字軍やフロンティアの拡大の結果、貿易が増加し、街はいたるところで、特にイタリアにおいて発展する。実際にはこの二度目の復活をフィリップ・ジョーンズは、再生（rebirth）ではなく革命（revolution）と呼称することを選んでいる。なぜならその市場の価値基準や原始資本主義は、後に古典古代の市民や貴族の価値観の復活を経験した「イタリア・ルネサンス」とは異なり、「古典古代の否定」であったからだ〔94, *pp. 4-5, 50-54*〕。

南フランスやイタリアにおける都市の成長は、政治へのより多くの参加や、写本筆記者、書記、これらの町の行政管理を行う政府高官のためのより世俗的な文化の需要を促した。ローマ法とその歴史は、北部ヨーロッパに続々と登場する独立した君主国に仕える行政官たちと同様に、とりわけてもこうした都市の官僚たちと関連していた。こうした行政官はたいてい修道会に属する聖職者であったが、王家に仕える大臣、教皇庁の高官ら――例えばソールズベリのジョン（―一一八〇）やブロワのピーター（一一二〇頃―一二〇〇）――も自治都市にいる都会的で世俗的な人々と同じように古典文化に対して熱心であった。彼らのおかげで宮殿だけでなく大聖堂もまた、新たな「ロマネスク」様式で装飾された。例えば一二世紀中頃にはシャルトル大聖堂の西扉を飾るために自由七科を表した古典的図像が、それを賛美する天使の図像と組み合わされている。その枠組みはキリスト教のままであるが、その内部における焦点は天上界から人間へと移動していたのである。この理由から、リチャード・サザンは一一〇〇年から一三二〇年までのこの期間を、「ヨーロッパの歴史上、人文主義の黄金時代の一つ、おそらくは最高の時代」と呼んでいる〔144, *p. 31*〕。

一二世紀の知的文化の復活をこれ以前やこれ以後の復活とは異なったものにした新たな要素は、ギリシャの科学と哲学への再注目であった。これは十字軍を通じた東方との接触、そしてスペインのアラブ民族との接触が回復したことによって促された。これらの学問は西方では大部分が失われていたが、東方ではアラビア語訳や解説の形で残っていたのである。例えばプトレマイオス（二世紀のギリシャ人科学者）の天文学大系のアラビア語版『アルマゲスト』や、アヴィケンナ（九八〇－一〇三七）やアヴェロエス（一一二六－九八）によるアリストテレスの解説書である。今やクレモナのジェラルド（一一一四－八七）やマイケル・スコット（一二〇〇以前－一二三五頃）のような西方出身の学者は、ユークリッドの『原論』やアルキメデスの科学に関する論文はもちろんのこと、これらのアラビア人学者たちの書物を研究し翻訳するためアラビア語を学ぼうと、トレドへと赴くようになった。彼らのおかげで、何世紀も西方では失われていた膨大な科学知識を突如として、ヨーロッパ中の学者たちが利用できるようになったのである。

その影響は凄まじかった。アリストテレスは、論理学、政治学、倫理学についてだけでなく形而上学、物理学、気象学、天文学、生物学に関する著書があり、これらの科学分野の著書の大半がこの時初めてラテン語へと翻訳された。結果として、「大学」（またはギルド）を形成した「免許皆伝の」教師が、再登場してくる。しかし、この素材がキリスト教文化に対して脅威の種となったことから新設されたパリ大学は、学生に対してアリストテレスを読むことを直ちに禁止した。なぜならラテン語の古典作品はその寓話化を通じ十分に消化吸収されていた一方、新たな科学的書物は、世界の構造と神の役割に関してキリスト教の教義を直接的に脅かしたからであった。寓話化では例えば、オウィディウスによるギリシャの神ガニメデの描写は、プラトンがそれにより男性の少年愛を正当化した美しい少年ではなく、むしろ洗礼者ヨハネの予型として解釈されたのであった。アリストテレスによると、世界は一旦動き出したら永遠普遍で論理的な法則によって統治され、そこに創造主つまりは神の役割はもはやないという。更にアリストテレスは、不死や肉体の復活を信じてはいなかった。原罪に関して言えば彼は、人間とは罪深い存在からは程遠く、生まれながらに社会的であり、政治共同体の中で自制することが可能であると考えていた。

これらの考えが受容されたならば、教会を通して伝えられる神の力や慈悲への信仰とともにある、キリスト教世界の全構造体が蝕まれる危険があった。一二一〇年には、この新たな自然哲学はパリ大学で禁じられ、一二一五年にはその禁止令が拡大される。そして一二七七年には、二一九の「誤り」を宣告するリストが編纂された。ギリシャの決定論とキリスト教の神の摂理との不協和は、和解不可能であるように見えた。しかしながらこうした復活を突如断ち切る代わりに、それとは異なる何物かが生じたのであった。すなわちギリシャの哲学や科学が、ドミニコ修道会修道士アルベルトゥス・マグヌス（一二〇〇頃－八〇）とトマス・アクィナス（一二二六頃－七四）によってキリスト教化されたのだ。とにかく表面上、古典科学や古典文学をキリスト教的に解釈することにより危機は解決された。このことから美術史家アーヴィン・パノフスキー〔121〕は、「一二世紀における古典の復活は真の古典主義の復活ではない」と論じた。彼によればそれは「古典図像における内容、意味と形、外的表現との乖離」があるからだという。だから、芸術家が時代錯誤だと感じることなく修道士のような恰好をしたキケロ、異教のキューピッドのような外見のイヴが作られたのである。

事実、特にギリシャの決定論とキリスト教の自由意志が対立する科学の分野においては、古典思想がキリスト教と融和するのは困難であることが明らかとなった。一四世紀には新たな改革運動が起こり、「古代人（古代の著述家ではなく一二世紀の人文主義者）」に比べてアリストテレスを「現代的」であると賞賛する科学者や大学の学者を非難した。これはペトラルカによって先導された運動で、彼とともにイタリアのルネサンスの歴史は正に始まるのであった。

第2部　ルネサンスの文脈

4　一三〇〇年頃のイタリアのコムーネと都市国家

一三〇〇年頃のヨーロッパの大部分は、中世の社会において第一、第二身分を占める聖職者と貴族のような少数の支配階級に支えられた王により統治されていた。都市や町を支配したのは、そこで暮らし商売をする商人や職人ではなく、こうした人々であった。だがイタリアや南フランスでの状況は異なっていた。そこでは都市生活や文化の中心であった都市が、古代ローマ時代以来なおも存続していた。他所と同様これらの都市でも、聖職者や貴族は支配的な影響力を持っていたが、一一世紀頃から市民たちは統治権の割譲を主張し始めていた。そしていくつかの都市で彼らは、聖職者と貴族から権力の独占権を取り上げると、自身の都市を自治都市（コムーネ）と呼んで、政権を樹立したのであった。

イタリアにはこうした自ら自治都市を称する都市が、他の国々よりも多く存在した。その理由として、一つにはヨーロッパ南部の地中海沿岸地域では、蛮族の侵攻時でさえも都市生活が途絶えることがなかったことがあげられよう。またもう一つには、他地域に先駆けて貿易が復興したことも見逃せない。彼らの上位の君主は神聖ローマ皇帝であったが、皇帝たちは税の徴収、ミラノやローマでの戴冠のために間欠的にしかイタリアにやって来なかったため、イタリアの都市（特にロンバルディア地方、トスカーナ地方）は、早くから自立の気風を養い、一定範囲内の自治を謳歌し始めていた。年代記編者フライジングのオットーは、一二世紀にイタリアを訪問した際にこのことにつき意見を述べている。彼は、「ほぼ（北中部イタリアの）全領域は都市に分割されており」、これらの都市は、騎士階級と同様に「下層階級」、つまり平民からも年ごとの執政官が選ばれ統治され、「市政府に従わない貴族も有力者もいない」と記述した。「彼らを統治する王侯はいないが、彼ら自身によって選任された裁判官はいる」と書き残した別の訪問者すなわち、ユダヤ人年代記編者ベンジャミン・トゥデラ同様、オットーは明らかにイタリア人の自由や独立心に感銘を受けていた。彼らの市政府と自由への愛は古代ローマの共和制に倣ったものであると述べることで、オットーは既に、ルネサンスのレトリックに付き物の二つの主題である、共和制と自由の萌芽に我々の関心を向けさせている〔154〕。

とはいえ我々は、イタリアの都市における独立と自由の程度、そして平民や職人の彼らの政府における役割の程度に関し以前に比べ懐疑的になっている。フィリップ・ジョーンズによると、「大商人の」都市フィレンツェでは、その主要な役所は、ごくわずかの大富豪であるギルドの組合員（商人、銀行家、法律家、後には羊毛商人）が牛耳っており、彼らは一般庶民というよりは、貴族に近い外見をしていたという〔*94, pp. 588-600*〕。「時折起こった急進的な出来事」を除いてコムーネの政策方針は、保守的で限定的なものに留まり、その態度は庶民的ではなく上流階級に迎合的なものであった。それでもイタリアにおける貴族権力の継続に重きを置く議論が、問題視されていないわけではない。すなわちジョン・ネジェミーによれば、庶民（小売商人、職人、労働者）は断続的にしか権力を保持しなかったものの、彼らは共和政体を主張し続け、貴族や寡頭政治の独裁者が権力の絶対的な独占を実現することを防いできたのだ〔114〕。イタリアの諸都市の文化を際立ったものにしたのは、こうした多くの商人、貿易商人、職人の存在であった。リチャード・ゴールドスウェイトが論じるところに従えば、消費ブームを作り出し芸術の復活を促したのは、貴族ではなくこうした庶民であった。なぜなら彼らが新たなルネサンス様式の宮殿や礼拝堂を飾る芸術品を作り、そこに出資をしたからだ。このことが建築物の売買だけでなく、無数の職人技術や製品の生産を促進したのである〔*76, pp. 33-62*〕。

イタリア諸都市の富もまたヨーロッパや東方との貿易から生じ、このこともイタリアの都市生活独特の気風の一因となった。「商人でない者、世界を探検して異国の諸民族を見ていない者、そして故国に富を携えて戻ってこなかった者は、役立たずであるとみなされた。」と記したのは、商人の年代記編者グレゴリオ・ダーティであった〔史料7〕。ポルトガル王によるギニア領有が一四八六年にフィレンツェの広場で読み上げられた時、それはフィレンツェにとって「素晴らしい知らせ」とみなされた。単に商業的利益に関係するからというわけではなく、それにより現地人に「獣のような生活ではなく人間の生活」がもたらされると考えられたからであった。だから同時代人の視点に即せば貿易や征服というものは、豊かさを与えたのみならず「文明化」でもあったのだ。

しかしながら富に加えて、なぜイタリアにおいて復活が古典古代の遺産を利用する形をとったのかということの説明の一助となる、他の理由がある。古代の文化はイタリアの諸都市に当時もなお繁茂していた。イタリアの諸都市において、彼らの成文法はローマ法を拠り所とし、法廷や評議会では古典的な修辞法が用いられていた。キケロやウェルギリウスその他の古代ローマの著述家は「死んだ」著述家であるどころか、将来待ち受ける活動的な市民生活の準備として都市の学校で子どもたちに教えられていた。古代の歴史は、これらの拡大する都市がより古くより輝かしい祖先を持つことを主張することで互いに競い合うために、彼らにとって実際的な価値があるものと見られた。例えばパドヴァでは、地元の書記かつイタリアで最初期の人文主義者ロベルト・ロヴァーティ(一二四一－一三〇九)が、都市の創設者と断定されたトロイのアンテーノールに捧げるモニュメントを建設した。その弟子のアルベルト・ムッサート(一二六一－一三二九)は、ローマ人のように月桂樹の冠を戴くことになる初めての詩人であり、愛国的な歴史書『ヒストリア・アウグスタ』や都市についての劇『エセリニス』を著した。彼はこれらの著作を執筆するにあたって、政治的アドバイスの源泉としてリウィウスとセネカを利用した。

フィレンツェでも同様に人文主義者ブルネット・ラティーニ(一二二〇頃－九四?)は、この都市を称賛するために古典の学識を利用した。彼は教師であり、知識の小百科全書『宝典』を著していたことに加え、一二五〇年〜一二六〇年に最初の「民衆的」政府の長官になった。長官として彼は、新たな政庁舎（現国立美術館）に愛国心を煽り立てる一節を刻み込んだ。これは、母市フィレンツェに対する市民のプライドを表している。「彼女（フィレンツェ）は陸地を統治し、海を統治し、全領域を統治する。したがって、彼女の支配によって全トスカーナは繁栄する。ちょうどローマが全ての者を彼女の宣布する法の下に威服せしめたことにより勝利し続けたように」。

ブルネット・ラティーニのローマへの言及は、新たなコムーネのためのモデルとしてのローマの重要性を物語っている。しかし何のモデルであろうか？　当初、自由と自治のモデルであることは明らかであるように思われた。イタリアのコムーネにおける最初期の高官は、彼らの祖先ローマ人のそれと同様に「執政官」と呼ばれていた。そして彼らの評議会は、共和制ローマのそれに類似していた。両者とも元老院またはコムーネ評議会、平民会またはポポロ評議会を有しており、ともにSPQR「ローマの元老院と人民」（フィレンツェではSPQFと訳された）を形成していた。しかしラティーニの韻文は我々に、共和国ローマは世界帝国の中心であって、武力と法によって支配されていたということをもまた想起させる。（共和国と帝国という）ローマの両側面は、イタリアの諸都市が従属民を支配下に置き「都市国家」へと拡大していく上で訴求力があったに違いない。後に歴史家フランチェスコ・グイッチャルディーニは、臣民に生まれたいものはいない、しかし王侯の臣民になるよりも共和国の臣民になることはいっそう苛酷であると書くに至った〔18, *p. 173*; 19, *p. 68*〕。このことは我々に共和制には二面性、帝国主義者の面と自由愛好者の面があることに気づかせてくれる。

イタリアの諸都市と古代の都市とに共通する特徴は他にもある。それは都市の規模がほぼ同じで、人口は二五、〇〇〇人から一〇〇、〇〇〇人に及び、人生における同じ喜びと苦悩を経験したということである。ルネサンス期のローマ人は今日ローマを訪問する者と同じように、ユヴェナリウスの古代ローマの生活に関する風刺に富んだ記述を十分に理解していた。古代ローマでは往来の音が夜に眠ることを不可能にし、化粧をした狡猾な女性がカモを探し求めて通りを闊歩していた。しかし、彼らは都市生活の文明化の真価もまた認めていた。それは例えば評議会室や会議室はもちろん、舗装された道、広場、噴水、劇場といったものに凝縮されている。都市で「慎みなく動くことは礼儀正しくない」、なぜなら市民は、田舎からやってきた者がするような「うなぎのようにバタバタとした動き」ではなく、「威厳ある様で」振る舞うべきであるからだ、と人々に助言したのは、まさにブルネット・ラティーニその人であった〔119, *p. 10*〕。後にフィレンツェの商人はよく知られた格言の言葉を借りて、「名誉は森には住んでいない、豊かな人間は都市で創られる」と彼の息子に訓戒を授けた。さらに言えば、田舎に住む者は「未開人」であった。「獣のような「未開人」は、彼らの本性に従い、獣と言葉を交わす」と考えられた。

キウィタスに居住しポリスの政治的生活に従事しない限り人は十分に人間ではないし、文化的に洗練されているともいえないという考えは、古代の思想であった（キウィタスとポリスは都市国家を表すラテン語とギリシャ語で、これらから形容詞の'civilised'や'political'が生まれた）。おそらく、イタリア人たちは常にこの考えを共有していただろう。だがとりわけ、アリストテレスの名高い著作『政治学』がギリシャ語からラテン語に翻訳された一三世紀中頃以降、彼らがこうした考えを持っていたことは明らかである。ドメニコ会出身の教師で説教師のレミジオ・ジロラーミ（一一三二九）は、アリストテレスの「市民でない者は人間ではない」という見解を引用した。彼はこのことを、「古の美徳と活力を失ってしまったため、廃墟を後に残し」崩壊してしまった都市の市民という強烈なイメージで説明している。これは、個人の魂の救済は国家の要求に優先されるべきであるとみなす彼のようなドメニコ会修道士にとって、驚くべき見解であるように思われる。しかしイタリア人として、そして卓越した政治家一族の一員としてレミジオは明らかに、人間は私事にのみかかずらうべきではなく、彼に関わる事柄は全体として公共に関わる事柄でもあるという、アリストテレスの考えに同意していた。

この考えに密接に関わっているのは、愛国心すなわち「カンパニリズモ」という感覚であった。イタリア人は今でも、自身の故郷の鐘楼「カンパニーレ」に対する愛をこう呼んでいる。この愛は、自身の町を芸術や建築物で飾る引き金となった。ある説教師が述べたところによると、美とは都市の「秩序」の一部であり、古代にそうであったように都市を洗練させる効果をもたらした。イタリアの街では早くから都市計画の概念が発達した。このことは、「美」と「実用性」を一対の理念として言及する政府の法令からも見て取れる。愛国的ライバル心によって駆り立てられコムーネや君主らは、美を競い合った。フィレンツェは一三〇〇年に、「トスカーナに現存するどの聖堂より美しく立派な聖堂」を所有したいと願った。シエナでは一三一六年に高官らが、美しく立派な住居で都市を埋め尽くしたいと考えた。これはコムーネのためであるとともに、外国人がしばしば所用で彼らの自宅を訪れていたからでもあった。ミラノ公アッツォ・ヴィスコンティは教皇との和平後に、自身のために壮大な宮殿を建設することを熱望した。それは（アリストテレスの『ニコマコス倫理学』からの引用に基づき）「立派な住居を建てる立派な人間は、素晴らしい建築物を見る人々に強い尊敬の念とともに感銘を与える」と考えたからであった〔105, *p. 101*〕。

一三世紀イタリア諸都市の日々の生活は、当然ながら古代の理想とはかけ離れたものであった。それは「洗練」からは程遠く、都市は反目し合う貴族、蓄財し絶えず働く商人階級、根無し草の最下層民によって生み出された暴力と無秩序によって特徴づけられていた。封建的支配階級や教会は都市で強大な権力を残していたのだから、中世都市での共和主義や民主主義のどちらも誇張すべきではない。多くの都市は、地方自治の時代に手際よく終止符を打った君主たちの手中に落ちつつあった。前述のように共和制は現実というよりは理想であった。それにも関わらず、共和制への支持は一定の影響力を保っていた。

歴史家は中世後期における最富裕層であり最も影響力を持つパトロンとしての王族や聖職者の宮廷の重要性を、当然のように強調する。だがイタリアにおいては、こうした文化的傾向に関しては他地域といささか異なるものがあった。他地域のように王や皇帝の大宮廷といったパトロネージの単一の中心の影響下に置かれる代わりにイタリアは、オリエントや北ヨーロッパとの繋がりを維持し、相互に関連し合い競い合う諸都市のネットワークに恵まれていた。イタリアの諸都市は互いに連携しながら、ローマ教皇の宮廷、ナポリ王の宮廷はもちろん、フィレンツェ、シエナ、そしてパドヴァといったより大きく裕福な都市の周りに星座のように引き寄せられる人材の集団を形成した。したがって、芸術家で建築家のジョット（一二六七?－一三三七）はフィレンツェやパドヴァだけでなくローマやナポリでも活動した一方、彫刻家ニコロ・ピサーノ（一二二〇頃－一二八四頃）とその息子ジョヴァンニ（一二四五頃－一三一四以後）はピサ、シエナ、パドヴァの他に南イタリアでも活動した。つまりイタリアは、初期ルネサンスに対して豊かな土壌を提供したのである。イタリアは豊かであった。その諸都市は競争的であった。そしてイタリアは、文明・美・壮麗さにおける古代の理念との親近感を味わった。このことがこの復活を、一二世紀における復活とは異なったものにしたのである。

5　封建領主の興隆と黒死病

この環境は一見安定していたが、外国勢力の侵略、経済的不況、イタリアの人口を半減させた一三四八年の疫病の大流行といった政治的、経済的危機に幾度も見舞われた。このことは、一四世紀の文化的発展を脅かした。ある同時代人によると、ジョットの時代から芸術は「日に日に劣化し続けている」〔111, *p. 3*〕といい、いくつかの都市では建築計画が中断または停滞していた。例えば、シエナの大聖堂は今日まで未完成のままになっている。さらには、ほとんどの文化的復活の中心となった都市――前章で記述した独立都市は一人の支配者または君主の手に落ち、彼らは従来のコムーネの市民的プログラムを脅かしていた。

一九六〇年代にロバート・ロペスとリチャード・ゴールドスウェイトとの間に文化の復活に関する論争が生じたことにより、こうした支配者の出現はルネサンスに関する従来の想定に異議を唱えるものとなった。ロペスが論じたように〔108〕、文化の復活は経済的不況から生じたのか、それとも逆にゴールドスウェイトが提唱したように〔*76, p. 14/n. 2*〕、それは経済的な成長からであったのだろうか？　この議論は現在、ジュディス・ブラウンによって再検討されている。ブラウンによれば、一四世紀から一五世紀初頭にかけて、人口減少による全体的な商業活動と商業活動に由来する富の減少はあったものの、不況の持続というより生存者の中での分散投資の促進と新たな富裕層の成長が起こったようである〔39〕。今日のような美術品市場や芸術の概念が投資対象としてまだ確立されていなかったのだから、人々が文化に投資することにより不況に対応したとするロペスの議論を支える証拠は存在しない。ロペスの議論では人々は、あたかも銀行の貸金庫に保管するための美術品を買う現代の仲買人や投資家のようである。だがルネサンス時代の終わりまで、美術品市場も健全な投資対象としての芸術品の概念も発展してはいなかったのだ。

　より説得力を持っているのは、リチャード・ゴールドスウェイトの議論である。当時のイタリアは、「贅沢品の消費に対する前提条件」を提供した。黒死病は、相続した財産と増加する賃金とを通じて、これまで以上の富を生存者にもたらした。絹と綿糸産業が新たに発達してきており、一〇〇年戦争や教会大分裂（シスマ）のおかげで失われていた北ヨーロッパとの通商は、地中海貿易、特にスペインや一四五三年の陥落後のコンスタンティノープルのオスマン帝国宮廷との貿易によって埋め合わされた。これはヴェネツィア、ジェノヴァだけではなく、一四〇六年にピサを征服し、自前の海上艦隊の創設後、東方貿易における彼らの新たなライバルとなったフィレンツェにも利益をもたらした。

　黒死病とその余波は他の方法でも消費を促進した。生存者をこれまで以上に豊かにし世界の進歩に対して熱心にしたことで、消費活動や豪華な生活の直接的な刺激として作用したのである。サミュエル・コーンの遺言書研究は、黒死病が人々に礼拝堂、墓、絵画を通じ自身の記念を残すことを促したと証明した。紋章や肖像で自身を記念、追悼したいと考えたのは、裕福な貴族やその妻だけではなかった。例えば、鍛冶屋の息子は、聖画の中に父とともに描かれることを望み、「こちらが鍛冶屋のモンテーニュ、こちらがパスクイーノ（彼の息子）」と標記したのである。また、ある書記の未亡人も「彼女の真の思い出」を残すために同様のことをしている〔55, *pp.* 111, 225〕。

宗教的動機（突然の死を前にした救済願望）と社会的動機または「新富裕層という要素」を区別することは容易ではない。黒死病以前にも教会付設小礼拝堂や寄進礼拝堂への寄進が托鉢修道会によって促されていた。托鉢修道会は、生きている者のミサへの参列や遺贈を通して、死者が煉獄で救済される可能性を説教していたのである。その後は、突然の死に対する恐怖の高まりのおかげで、「典礼用器具一式」の寄贈、礼拝堂への出費や死者に対するミサは増加した〔76, *pp.* 72-6〕。

同時に、疫病によって社会の全階級を通じ社会的流動性が増大した。フィレンツェのような共和国では閉鎖的な政治エリート層がおらず、これから見ていくように人々は特に彼らの社会的、政治的地位を記録することに熱心であった。芸術や邸宅、所有物、衣服といった目に見える消費はことごとく地位の高さを指し示す手段であり、文化的復活に貢献していた。しかしルネサンスの新興富裕層要因説は、都市国家と同様に宮廷にも当てはまる。なぜなら権力を掌握した君主らは、彼ら自身新参者で元々は傭兵隊長であり、新たな支配者として彼らの権威を確立するために、彼らに権威を与えてくれるであろう芸術品の助けを間違いなく必要としていたからである。その芸術品とは彫像、凱旋門、礼拝堂、メダル、肖像画といったものであった。一三三〇年代にミラノ大聖堂の鐘楼の上に金メッキを施した自身の像を載せたベルナボ・ヴィスコンティほどの大胆な者はいなかったが〔157, *pp. 231-2*〕、彼らは皆、彼ら自身や彼らの宮廷を誇示するために芸術を利用したのである。

宮廷の重要性を強調する近年の傾向は、ジョン・スチュアート・ミルのような一九世紀の著述家が考えたように、政治的な独立が芸術的偉業にとって肝要であったかどうかという議論を再開させた。エヴリン・ウェルチが述べたように、シニョリア（君主）の領地では君主は法であり、王侯の荘厳さに関するアリストテレスの定義を忠実に反映させつつ、公私のプロジェクトに富を費やすことができた。元来イタリアにおける唯一の国王の宮廷とはナポリのアンジュー王家のそれであったが（特にローマ教皇庁がアヴィニョンに移り、その状況が一三世紀中頃まで続いた期間）、文化的空白を埋めるように急速に拡大していった新興の王侯宮廷が数多くあった。一四四三年のナポリへのアラゴン家の帰還とその翌年の教皇のローマへの帰還がそれらの新興宮廷を、より大きな勢力圏にいまー度引き込んだ。この大きな勢力圏の中心は、いずれ明らかとなるが盛期ルネサンスの中心地ローマであった。

それまでは旧地方自治勢力の周辺に形作られた、有能な支配者のささやかなネットワークに過ぎなかったものが、今や有力君主たちのそれへと姿を変えた。初期ルネサンスの中心地パドヴァは、一三一八年以降カッラーラ家によって（幾度かの中断があったものの）統治された。そして、パルマはコッレッジォ家によって統治された。ミラノでは、（一四五〇年にはじめて権力を握ったスフォルツァ家と異なり）一三一九年より当地を治めていたヴィスコンティ家は、一三九五年に首尾よく公爵になることに成功した。フェラーラを統治したのはエステ家で一三九三年に侯爵、一四七一年には公爵となった。マントヴァではゴンザーガ家に一四三三年に侯爵位、一五三〇年に公爵位が授けられた。ウルビーノでは、モンテフェルトロ家が一四四三年に公爵位を獲得した。したがって主要な宮廷の支配者は、全て新たに爵位を皇帝（または教皇）から授かった者たちであった。彼らは専門軍人としての傭兵隊長をつとめる新興富裕層で、自身の地位を強固にするために壮大な芸術事業に大金を費やすことが可能であった。

こうした理由から「悲惨な一四世紀」は、一五世紀の復活の起源に関するこれまでの我々の先入観に疑念を抱かせる、様々な要因を提供する時代であった。実にこの一四世紀という時代は後退どころか、我々の想像以上にルネサンスの成立に大きく寄与した時代だったように思われる。例えば多くの観点から判断するに、ペトラルカは今なおルネサンス運動の創始者とみなされている。「フィレンツェが生んだ三傑人」の一人とフィレンツェは主張するが、ペトラルカの詩人や著述家としての偉業はフィレンツェのおかげというよりは、この時代の困難に負うところが大きい。彼にとって時代の困難とは、フランスへの追放、黒死病、そしてその後の北イタリアでの放浪経験であった。だから、彼がルネサンスの価値観を代表するとしてもその価値観は、おそらく我々が信じ込まされてきた以上に一四世紀の発展に多くを負っているのである。

6 ペトラルカのパラドックス（一三〇四〜七四）

イタリアで生を受けながらも、フランチェスコ・ペトラルカは彼の青少年期をイタリアで過ごすことはなかった。彼はその父がフィレンツェから追放された後、まずカルパントラで暮らし、それからアヴィニョンに移った。このことは彼に不利に働くことはなかった。それどころかむしろ、アヴィニョンでジャコモ司教とジョヴァンニ・コロンナ枢機卿の家でペトラルカが過ごした一七年間は、当時のイタリア以上に刺激的な——また同時に教育的な——文化の世界へとペトラルカの目を開いたのだった。彼が初めて古典文学の知識を獲得し、生涯にわたって情熱をもって取り組むことになる古代写本の収集に着手したのが、このアヴィニョンであった〔158, *p. 10*〕。追放の結果ペトラルカは、イタリアの文化的遺産にイタリアの同郷人以上に関心を向けた。彼は「私のイタリア」と感動的な詩中で呼びかけ、ローマの教皇不在が長引くことに彼ら以上に憤慨した。ローマはなおもローマ帝国という古代の中心、教皇の正当な座として畏敬されていた。

イタリア帰国後も彼は絶えず移動を続けた。最初にパルマのコレッジョ家から庇護を受け、それからミラノのヴィスコンティ家、ヴェネツィアのアンドレア・ダンドロ、最後にパドヴァのカッラーラ家の支援を受けた。そして彼はついにパドヴァ近郊のアルクァに邸宅を建て、一三七四年に死去するまでそこに住んだ。部外者の視点を通じて、後に発展したルネサンスの特徴と今日我々が考える感情や理念の多くを、彼は初めて言葉に表した。それは自然に対する感受性、名誉と肉体的な愛に対する率直な欲望、文通によって親睦を深めること、古典文学との親密な関係であった。ペトラルカは、名誉欲と愛欲から逃れようとした。しかし、そこから逃れることが出来なかった。彼はそれらを「二つの堅固な鎖」と形容している。

その一方、彼の最も著名な著作『抒情詩集』の執筆のきっかけとなったのは、ペトラルカの黒死病の経験であった。彼の詩作に関する近年の報告によると、ペトラルカは古典文学の中に「逃げ道」を見つけた。その「逃げ道」を通して、最愛のラウラ〔史料6〕や多くの友人を亡くした一三四八〜五〇年の疫病に端を発する恐怖、本能的な死の恐怖を表現し、それに耐えたのである。自身や自身の人生に関する散り散りの思考を『抒情詩集』へと昇華させることで、彼は自身のための「霊廟」を創り上げた。これを通して彼は時の暴力に耐えたのである〔136, *p. 10*〕。この不死となるための自己構築過程は、極めて現代的なものであるように思われる。しかし、このようにして魂の消滅の予期に対し対処するよう彼の背中を押したのは、ペトラルカの古典文学的な感受性であった。そしてこれは我々が現在研究する、ルネサンスの恒久的かつ重要な特徴の一つであり続けている。

文通もまた彼の自己構築に寄与した。なぜならキケロのようにペトラルカは、彼の人生のそれぞれ断片的な出来事を一つの総体に統合するという試みの一環として、彼の『親交書簡集』を出版したからだ。彼は芸術においても同様のことを行った。彼の肖像画が他のどの同時代人よりも多く残っていることは、偶然などでは決してない。彼自身が画家であったわけではないがペトラルカは、シモーネ・マルティーニ（c. 一二八四－一三四四）のような新進気鋭の画家を支援していた。シモーネ・マルティーニはラウラの肖像画や、ラウラに負けず劣らずペトラルカが愛していたウェルギリウスの写本の表紙を描いた。両者ともペトラルカの人生の物語において重要な人物である。彼はジョットをもまた支援していた。彼はジョットが描いた聖母像を所有していた。ペトラルカ自身は、彼が『偉人伝』において不死化した著名な古代人とともに、パドヴァの著名人の間で不朽の名声を与えられた。

安定した生活基盤やイタリアでの後援者のネットワークをもたない者としてのペトラルカの地位は、一見矛盾しているようだが、友人や弟子との関係を維持するために文通や絶え間ない移動を利用したという点で斬新であった。これは広範な読者層、後に印刷機によって創られたいわゆる「文芸共和国」を先駆けるものであった〔65, ch. 4〕。文通や旅を通して彼は古典古代への関心を、共通目標や独自の偏向を伴う社会運動へと変化させた。このことは第三部で詳述する。第三部で取り扱う主題は、本、図書館、文献批評、悪口雑言、古代の明快な壮麗さに対する情熱、そして蛮行、スコラ哲学、無知蒙昧さに対する嫌悪である。一三七四年にペトラルカが死んだ時点で、彼は名の知れた人物であった。彼は彼を宮中伯に列したプラハのカール四世、パリのフランス王、アヴィニョンの教皇らを訪問した。彼は彼らの宮廷に留まるようにとの要請の全てを固辞したが、それは「自分の自由を保つため」であると語っている。彼はローマで桂冠詩人に列せられ、イタリアのどこに行こうとも引く手あまたであった。

ペトラルカは彼自身について非常に多くのことを、そして非常に率直に書き表したため、ルネサンスの個人主義や「近代的」な態度の典型を示す存在となっている。しかし、前述のように、こうした記述は主に自己宣伝的描写であったから、もし彼が近代性の典型とされるなら、それは彼自身をこのようにして表現することに彼が長けていたことに大方依拠している。そして、彼に過去に対する新たな洞察をもたらした古典的な感受性は、模倣を促した。彼は彼の愛と栄誉に対する矛盾した欲望を描写した、感動的な詩を書いた。「私が輝かしく大きな名声のことに思いを巡らしたら、私は凍りつくのか、焼きつくのか、それとも青ざめるのか、やせ衰えてしまうのか分からない」。実はこの詩はカトゥルスを真似たものであり、このことは我々にこれらの感情がどれだけ真に迫るもので、ペトラルカ自身のものであるのかという疑念を抱かせる。

それでもルネサンス時代における彼の重要性を象徴するのは、ペトラルカの自己認識と自己宣伝である。彼の影響力は、約三〇〇年後の盛期ルネサンスの最盛期にイタリアで暮らしていたフリーランスの著作家、ピエトロ・アレティーノと彼を比較することで明らかになる。ペトラルカとは異なりアレティーノは風刺作家、好色文学作家であり道徳主義者ではなかった。しかし彼もまた国際的な名声を獲得し、王や皇帝に「畏敬と畏怖」の感情を抱かせながら、ペトラルカのように自身の独立した立場を誇りにしていた。彼も言語、視覚メディアによって自身のイメージを広めた。ティツィアーノによる肖像画、イタリアやヨーロッパの宮廷に流通したメダルが一例である。ただし、アレティーノが行ったようにペトラルカが彼自身を、「疫病に犯されたペン……毒となる私のインク、墓としての私の紙」と語ることはなかった〔161, *p.* 293〕。しかし両者とも宮廷のパトロン向けに、そして文学界の聴衆向けに自己を演出するべくペンを利用したのであった。

7 「豪商たちの都」フィレンツェ

ペトラルカはイタリアに一定の拠点をおくことがなかったので、数多くの都市のどれもが彼が始めた文化的運動の中心となり得た。ヴェネツィア、パドヴァ、ミラノ、フィレンツェといった都市には、密に連携して活動する人文主義者のグループがいた。これらの都市では、当時見事な芸術作品も産み出されていた。驚いたことに一四〇〇年頃に有能な人材の劇的な爆心地となったのは、ペトラルカが更なる軽蔑を込めて「大商いの街」、「商業と織物の」都市と呼んだフィレンツェであった〔『親交書簡集』18.9.2〕。フィレンツェは、教皇ボニファティウス八世から「金ぴかの街」と呼ばれ、一三〇〇年頃には他の地方都市と同様、市民生活の復活をなし遂げていた。ところが支配層のエリート商人は、ペトラルカによって推進された新たな人文主義的価値観を好ましく思ってはいなかった。とある商人の息子が父の跡を継いでビジネスをするより文学を学びたいと言うと、父であるその商人は憤慨した。また別の者は、一五世紀初頭にフィレンツェの中心となる広場で「叫ばれていた」前衛的な思想に対して、同じような敵意を示している〔史料8〕。

ヨーロッパ中に広まる前にフィレンツェにルネサンス運動が集中した理由は、研究される必要がある。なぜならその理由が、ルネサンス以前の文化の復活と今回の復活との重要な差異を説明するのに役立つからである。以前の復活の公共文化的計画は、古文書の学問的復活から大きく独立したものであったが、フィレンツェではこれら二つの復活計画が専門家、職人、商人が全体として関与する共同計画へと集約された。続いてヨーロッパの同種の市民が類似の計画を採り入れようと結集した。特に今日でもルネサンスのリベラルアーツ課程を教えるロンドンのセント・ポールズ・スクールのような、人文主義者の家庭教師や子供のための文法学校がこうした計画に乗り出した。

一四〇〇年頃にフィレンツェでこの運動が集中したことはある程度の偶然と、フィレンツェの社会・政治構造に関わる諸事情が重なった結果である。フィレンツェは歴史上、危機的場面にあたって幸運にも、高官として卓越した古典学者を有していた。コルッチョ・サルターティ（一三三一－一四〇六）は一三七四年のペトラルカの死後に、イタリアで最大の古代写本図書館の所有者となり、その一年後にフィレンツェの行政長官に任命されると、フィレンツェに新たな人材を引き付けた。一三九六年にヨーロッパ初のギリシャ語の講座がフィレンツェで開かれたのは、彼の尽力によるものであった。その最初の講師であり、ギリシャ語の学者かつコンスタンティノープル出自の外交官たるマニュエル・クリュソロラス（一三五〇－一四一五）がそこで教えた期間は、三年以下であったが（それから彼は短期間パドヴァに移り、そこでグアリーノ・グアリーニ（一三七四－一四六〇）のような生徒らにギリシャ語を教えた）、講座は継続され、フィレンツェに若者の一団を引き付ける磁石として機能した。ジョージ・ホームズはこうした若者たちを、物騒なルネサンス運動の前衛的集団と呼んでいる〔90〕。現在、彼らの理念は画期的とは思われないかもしれないが、父親や教師の伝統的な価値観に異議を唱え、彼らの宗教を嘲り、教父たちよりも異教のウァロを「密かに信奉し」、「自分たちの」（すなわちキリスト教の）聖人たちを非難した〔史料8〕。

また、生徒に教えるためにクリュソロラスがギリシャから入手したギリシャ語の書物の束には、偶然にもプトレマイオスの『地理学』が含まれていた。以下に語られるように、この本は強烈な影響力を持っていた。なぜならこの本がフィレンツェの芸術家に遠近法を教授しただけでなく、新大陸発見にも貢献したからだ〔*64, pp. 93-4*〕。とはいえその影響は、本が到着した際の環境ゆえに力を持ったのであった。大学や修道院に限定されるのではなくクリュソロラスの授業は、フィレンツェの新たな知識階級に横断的に開かれた。例えば数学者、芸術家、商人、神学者、人文主義者の政府高官といった人々であった。そうした人々には数学者かつ天文学者パオロ・トスカネッリ（一三九七－一四八二）、フィリッポ・ブルネレスキのような実用工学者（一三七七－一四四六）、パッラ・ストロッツィ（一三七二－一四六二）、コジモ・デ・メディチ（一三八九－一四六四）のような裕福な実業家、変人で気難しいニッコロ・ニッコリ（一三六四－一四三七）、運動における宗教上のアドバイザーの役割を果たしたルイジ・マルシーリ（d. 一三九四）やアンブロージョ・トラヴェルサーリ（一三八六－一四三九）のような修道士、コルッチョ・サルターティ（一三三一－一四〇五）やレオナルド・ブルーニ（一三七四－一四四四）のような地方出身の書記や行政官が含まれていた。

ルネサンス運動の発進にあたり、フィレンツェの社会・政治生活もまた重要な役割を果たした。広く開けた広場は人々がニュースやゴシップを交換するために集う場で、特に政庁舎のある広場（シニョーリア広場）は政治集会や一般投票が行われ、いつも人々が公邸や商人ギルドに向かう途中で顔を合わせる場であった。突き出た「ピサ人の開廊」の下で、騒動屋らが彼らの挑発的な主張を声高に叫ぶために集まったのが、このシニョリーア広場であった。閑談に興じる人々もまた、代書屋や書店に集った。書籍商のヴェスパジアーノ・ダ・ビスティッチは、彼の著名な著書に顧客の噂話を書き記している〔28〕。また彼らは大聖堂にも集まった。レオン・バッティスタ・アルベルティ（一四〇四－七二）が記したように、そこは「冬は暖かく、夏は涼し」かったのだ。従ってフィレンツェでは、（一八世紀のように）「文芸共和国」は印刷物や風評による理念の循環に依拠することがなかった。開かれた政府はもちろんのこと、都市の開けた通り、広場、店、聖堂、それら全てが新たな理念を広めるルートとして機能したのであった。

歴史家ハンス・バロンの一九五〇年代の記述によると、これら全ての要素を一つにまとめ、前衛的集団の美辞麗句を共和主義の美徳に対する心からの信心へと変容させたのは、一四〇二年の政治的危機であった〔30〕。フィレンツェは、実際にはミラノ公の猛攻撃から公爵の突然の死によって辛うじて救われたが、大々的に報じられたサルターティの公爵への反論を記す手紙は、少なくとも宣伝価値において一〇〇〇人の騎兵に匹敵すると広く信じられていた。バロンはこのことが燃え熾る政治的問題として、古代ローマの共和主義を蘇生させたと論じた。この論文は多方面から以下のように攻撃されている。フィレンツェの共和主義は一四〇二年に先立つものであった。フィレンツェ政府はサルターティの手紙が示唆するよりずっと閉鎖的であり、エリート主義的であったのだから、いずれにせよフィレンツェの共和主義は誇張であった。バロン自身が第二次世界大戦でのプロパガンダの経験によって、先入観に捕らわれていた――等々。

一四〇二年に起こったたった一年間の出来事にバロンのように強く拘泥せずとも、共和主義のイデオロギーがフィレンツェ人の間に一四〇〇年代初頭から、より広く普及したのもやはり事実である。共和主義のイデオロギーは今日でさえまだ自由回復運動を鼓舞し、扇動する力を保持しているのだから、一五世紀にその力に誰が抵抗することができただろうか？　これらの理由から第四章では、政府のエリート主義にもかかわらずまたはそのエリート主義のせいで、切迫した問題であり続けた共和主義を議論する。公職が（貴族を排除して）ギルドのメンバーになおも限定されたという事実は、文化的かつ政治的な含蓄を持っていた。ギルドは早くから都市の重要な記念物における裁量権を獲得していた。それは大聖堂、洗礼堂、鐘楼だけでなく、祈禱堂、オルサンミケーレの穀物市場のようなその他施設にまで及んでいた。後には有名なイノチェンティ孤児院についても、ギルドが裁量権を獲得した。このことが（現在の後援事業のように）公共建築計画に資金を投入することに一役買ったのだ。またギルドの組合員に、彼らが注文する建築物や芸術作品に対して物申すことができるようにすることによって、事業への一般民衆の参加を促した。このようにしてあらゆる職業、地位の人々が芸術的な感性を養うことが推奨された。ギルドの競争意識もまた、パトロネージの拍車として作用した。このことは、一四二五年の毛織物業組合の決定からも明らかである。毛織物業組合は、ライバルの毛織物商組合や銀行商組合にお株を取られたため、オルサンミケーレの壁龕と像の再建を決めた。そのために毛織物業組合は流行作家のギベルティに、新たな守護聖人の像を注文したのである。

フィレンツェのギルド政府は、また別の意味合いを有していた。歴史家の父フランチェスコ・グイッチャルディーニによる選挙分析からわかるように、固有の支配階級がないことは、他の街に比べてより広く社会の流動性を生むとともに、まさにその流動性が上昇志向を促した。一四八四年の記述でピエトロ・グイッチャルディーニは、市民を五階級に区別した。最下層は「極度に生まれの卑しい者たち」、次に「下級労働者」、そして「より誉れある職人」階級の中から中間層に出世した「新興富裕層」、最高階級のすぐ下に「名士」、その上に位置するのが「累代の貴族」である。彼はこう綴っている。「従って、絶えず新たな人間は階級を作る。彼らに統治階級の地位を与えるために、旧来の市民をそこから排除する必要があり、それは実際になされている」〔133, *pp.* 246-7, 368-9〕。

前述のように、〈新たな人間〉（すなわち新興有力者）という要素は疫病後の全ての都市に存在したが、フィレンツェにおいては殊更に際立っていた。フィレンツェでは、それが文化的、政治的活動に対する大いなる刺激として作用した。〈新たな人間〉たちは、書籍収集や一族の回顧録（ricordanze）を書くことを促した。おそらく、その流動性と子孫に職歴や一族の栄光を書き残す必要性のために、回顧録というものがフィレンツェ社会の特色となった。同様の理由から回顧という行為は、個人的な芸術へのパトロネージも促進した。ルネサンス絵画において最も進歩的な作品の一つであるサンタ・マリア・ノヴェッラ聖堂にあるマザッチョの《三位一体》は、ロレンツィオ・レンツィの近親によって、一四二八年に彼の政府長官の任期後に注文された。野心的なジョヴァンニ・ルッチェライは、彼の義父が追放された後、一族の政治的な成功の再建のために、芸術に対するパトロネージを利用した。ルッチェライはルネサンスの主要な建築家の一人であるレオン・バッティスタ・アルベルティ(一四〇四－七二)を雇い、彼と家族のための古典風邸宅を建設するとともに、サンタ・マリア・ノヴェッラ聖堂のファサードを改築し、(一部の者がそう感じたように)不敬にも自身の名前をそこに添えた。彼が回顧録の中で、グナエウス・オクダヴィウスは、パラティーノの丘に美しい邸宅を建設したために、執政官に選出されたというキケロの一節を引用している事実からも、邸宅建築の政治的価値を彼が意識していたことが窺える〔98, *pp.* 54-5〕。この観点から、新たな黄金時代のアウグストゥス的パトロンとしてのメディチ家の役割は、都市での一族の地位を高める意図を有したと見なければなるまい〔79〕。著名なフィレンツェの建築家フィリッポ・ブルネレスキや彫刻家ドナテッロ(一三八六－一四六六)をサン・ロレンツォ聖堂にある一族の礼拝堂のデザインと装飾のために雇用した際、コジモ・デ・メディチは、ジョヴァンニ・ルッチェライ(そしてゴンザーガ家)のように、芸術や建築のパトロンとして古典古代を引き合いにすることにより名声を博した。

ジョヴァンニ・ルッチェライは我々に、地位や名誉欲はルネサンスのパトロネージに横たわる多くの動機のたった一つに過ぎないことを思い起こさせる。彼がパトロネージから見出した喜びを説明するにあたり、自身を記念するという願いより愛国心（第四章で言及した都市への愛（カンパニリズモ））が優位にあり、そして彼の愛国心より信心（神への愛）が優先された。サン・パンクラツィオ聖堂にある聖墳墓をモデルに造営された彼の墓や、一四五〇年の聖年に彼が罪の赦しを得るためにローマへ巡礼したことから分かるように、彼は真に信心深かったのだ。

救済願望は教会への遺贈や寄付の強い動機であり、他の銀行業を営む都市と同じくフィレンツェでは、高利貸しが手広く行われていたことから何よりも喫緊の問題であった。教会から強く禁止されていたが、どの銀行家も利子をとって金銭を貸していた。この慣習が初期ルネサンスの最も重要な作品である、パドヴァのスクロヴェーニ礼拝堂のジョットのフレスコ制作依頼の間接的な背景であることは明らかである。この礼拝堂は一三〇五年に、エンリコ・スクロヴェーニによって悪名高い高利貸しであった父の罪を償うために建てられた。また一三世紀末頃にフランチェスコ・グイッチャルディーニの先祖の一人が、司教の要請によって「高利貸し」として父親の遺体が墓から掘り起こされる恐れから、指導的神学者であり人文主義の学者ルイジ・マルシーリと、彼の父の高利貸しの問題について話し合う必要性に駆られたということも明らかとなっている。だから我々にはコジモ・デ・メディチの抱いた罪悪感に関する、書籍商ヴェスパジアーノ・ダ・ビスティッチの話が真実であると容易に認められる。罪悪感から彼は教皇エウゲニウス四世の助言に従い、建築に一〇〇〇〇フロリン銀貨を費やしたのだ〔史料25〕〔79, *pp. 37-8*〕。

教皇エウゲニウス四世のフィレンツェ滞在は、芸術と文化を違った形でも刺激した。フィレンツェは一四二〇年にメディチ家が引き受けた、銀行家または管財人の役割を通じて、教皇との友好関係を一五世紀の大半にわたり享受した。まさにこのことこそマルティヌス五世とエウゲニウス四世が、ローマに安全に戻ることが出来るようになる以前の一四二〇年代と一四三〇年代に、フィレンツェにそれぞれ居住した所以であった。そして教皇の宮廷における業務、教皇庁に従事する人々の技能が都市を豊かにした。こうした人々は、フィレンツェが人文主義の中心となることの一助となった。こうした環境こそが、ゲミストス・プレトンのようなギリシャ人の学者らが公会議にやってきたとき、彼らが持ち込んだプラトンの思想を受け入れようとする土壌をそこに見出させ、コジモ・デ・メディチに全プラトンの著作の翻訳をマルシリオ・フィチーノに命じるよう促したのである。この翻訳がフィレンツェに名声を与え、ドイツ人宗教改革指導者フィリップ・メランヒトンの言を借りれば、フィレンツェは「難破した文学の港」となったのだ〔24, *p.* 68〕。

近年攻撃にさらされているのがまさに、このルネサンスの本拠地としての「フィレンツェ神話」である。この神話は、ヴァザーリの偏見に満ちた宣伝用の歴史の結果であると言われている。それは彼が仕えたフィレンツェの大公たちを喜ばせるために書かれ、（第一章で言及したフェルノン・リーのような）外国人訪問者によるフィレンツェ人気、そしてフィレンツェの芸術作品がたまたま生き残っているという事実によって支えられてきた（チャールズ・ホープ『ニューヨーク・レビュー・オブ・ブックス』一九九六年一〇月三一日）。第一部では、フィレンツェの神話がどのようにしてフィチーノやヴァザーリのような著述家から生じたのかを議論した。本章では、歴史的状況がルネサンスのために肥沃な土壌を提供したことの重要性を概観した。神話は創作であるものの、フィレンツェはその環境と特別な出来事（サルターティの着任、プトレマイオスの『地理学』の到来、教皇の逗留と一四三九年の公会議）のおかげで新たな理念を自家薬籠中のものとし、熱狂の対象へと進化させた地であることは間違いない。たとえその当時に熱狂が今日我々が認識するように表明されていなかったとしても、我々はその熱狂を一貫したものの見方、「思考態度」として認識することが出来る。その熱狂が何であったのかというのが第三部の主題となる。

第3部　ルネサンスの情熱

8　本に対する情熱

ペトラルカ以前にも古代の写本を探し出し、複写してきた学者たち、つまりは図書館の創設者たちがいた〔148; 129 ch. 3〕。しかし「抑えることができないし、いやできたとしてもそうしない飽くなき情熱」として、本に対する愛を記述したのはペトラルカである。加えて彼は、「私はどれだけ本を手に入れても満たされることはないのだ」とも言う。本への情熱を描写するためにラテン語のクピディタス、すなわち貪欲（七つの大罪のうちの一つ）という語を用い、その情熱を抑えることができない、もしくは抑えたくないと認めることで、彼は我々に彼の本への愛が悪徳であると伝えている。飽くことのない欲求であるからというだけでなく、彼の欲求の対象である本自体が危険なものであるから、それは二重の悪徳であったのだ。少し前にダンテは彼の偉大な詩『神曲』において、地獄に異教の著述家たちを落としていた。なぜなら彼らは洗礼を受けておらず、「キリスト教以前に生きていた」ためである〔地獄篇4, 35, 37〕。後にペトラルカは、彼が法学の本（マルティン・ルターの場合と同様に、ペトラルカの父は彼の息子が法律家になることを望んでいた）ではなく詩や古代文学の本を購入した際に父がそれらに対し抱いた敵意を説明し、父はあたかもそれらを、「異端の本」であるかの如くに燃やしたと述べている。そして息子であるペトラルカがあまりに取り乱したため、ウェルギリウスとキケロの二冊だけが焼却を免れたのであった。

欲求を刺激するために抑圧に勝る手段はない。奇跡的に焼却を免れた本の著者はペトラルカのお気に入りとなったのだから、上記のエピソード自体がペトラルカの自己構築の一環であったのではないかとも思ってしまう。また、いかにして彼がこれらの障害物によって抑止させられることを拒絶したのかという記述もまた、いささか疑わしく思われる。己れの認められざる情熱を断念する代わりに彼は、「有能かつ信頼に足る者たち」の調査団を組織した。それは「何か私の渇きを満たす、というより渇きを刺激するようなものがない」かどうか調べるために、修道士や他の学者の戸棚を漁らせるためであった。重要なのは成果である。つまり具体的に満たされるべき情熱や欲求として本に対する愛を語ることによって、ペトラルカは本に対する態度や本について語るべき新たな言語に関する態度を確立した。後述するようにこうした言語は我々に、ペトラルカの後世への影響をめぐる極めて重要な手がかりを提供してくれるだろう。なぜならペトラルカ以後の書物ハンターはペトラルカ以前の者らとは異なり、一様にペトラルカと同様の本に対する飢えや渇きに悩まされたからに他ならないからである。故に流行の扇動者または「運動」の創始者としてペトラルカについて、我々は語ることができる。しかしその運動が一過性の流行以上のものであったことは、その重大な影響から疑う余地がない。人々の異教の本に対する態度が敵意や疑念から好意に変化したことによって、世に出回る古代の本の数は劇的に増加した。このことが王侯に「公共の」図書館の創設を促し、今度はそれが科学的な学問や歴史に対する人々の態度を変容させたのである。

ペトラルカが自身のために入手した本には、リウィウスの『ローマ史』、一三三三年に彼がリエージュで発見した『アルキアーズ弁護論』を含む二つの失われたキケロの演説法論、パリで発見されたプロペルティウスの写本、一三四五年にヴェローナで発見されたキケロがアッティクスに宛てた手紙、フィレンツェから送られたキケロの演説論、ボッカッチョが発見したウァロの『ラテン語論』の一部に加えてモンテカッシーノの修道院から発送されたものがあった。ペトラルカは死ぬまでにヨーロッパ中から二〇〇冊の写本を収集したが、それらを収納する公共図書館とすべき家の提供を条件に、彼はその全ての遺贈をヴェネツィア市当局に申し出た。死去の一二年前に彼は「アンドレア・ダンドロがドージェであったときに、それを考えなかったのは残念なことだ」、「そうすれば彼は公共の図書館を創設するという名誉を得ることができたのに」と書いている。これが、公共の図書館というアイディアが提案された、古代以来初めての事例となる。当時このアイディアが稔りを結ぶことはなかったが、とはいえそれはペトラルカの後継者たちに影響を与え続けたのだった。

我々はペトラルカの手紙から、古代の著述家たちに対する新たな態度の成長を辿ることができるだろう。最もよく知られた手紙は、一三四五年にアッティクスに宛てたキケロの手紙が再発見された後に、はるか昔に亡くなっているキケロに向けてペトラルカが宛てた手紙である〔史料5〕。平和な隠居生活の代わりに政治闘争に再び身を投じる新たな友人（キケロ）を非難し、ペトラルカは彼に「生者の世界より……あなたが知ることのなかった神の誕生より一三四五年目に」、永遠の「別れ」を告げた。つまり彼らを分かつ時の隔たりや宗教的な違いにも関わらず、本は再び人を生き返らせ、彼に話しかけ、議論をしかけるべき個人的な友人をもたらしたのだった。

そのうち、床に立てて置いてあったキケロの『書簡集』のように、本そのものはペトラルカの友にも敵にもなった。「幼少より私が愛し、大事にしてきたキケロ、彼が私にしかけたいたずらを聴いておくれ」とペトラルカは語りかける。事の顚末は、ペトラルカのガウンがキケロの著作に引っ掛かり、分厚く重い冊子が落ちてきてペトラルカの足に傷を負わせたことにあった。このことをペトラルカは、「これは何だ？　私のキケロよ。なぜ私を傷つけるのだ？　……彼は何も言わなかった。しかし翌日、私が部屋に入ると彼は再び私を襲った。私はおどけて元の位置、というよりもっと高いところに彼を戻した。彼が床にほったらかしにされていることに腹を立てたのだと私は考えたのだ。」と書き表した。ペトラルカが別の手紙で「キケロの『アカデミカ』はマルクス・ウァロを私の最愛の友にしてくれた……私は『トゥスクルム荘対談集』においてテレンスに初めて恋をした……」と述べたように、ある友人が別の友人を紹介するかのようにある本がまた別の本へとつながって行く。モンテカッシーノの古いベネディクト会修道院でのボッカッチョの経験から分かるように、本への愛は人々への愛のように、本の置かれた場所の困難さに応じ激しさを加えた。その修道院で彼は階段をよじ登ったところで、草が生い茂る窓敷居と本や書棚を覆う埃を見つけた。「写本を開くと、彼は全ての紙が引き裂かれた状態、または無慈悲にも余白が切り取られた状態である多くの貴重な古代の作品を発見した。部屋を出ると、彼は泣き崩れた。」

この通り、ペトラルカの情熱は他の者たちへと伝播した。まずジョヴァンニ・ボッカッチョ（一三一三－七五）がモンテカッシーノで本を探し回ることにとりつかれ、（先に描写したように）彼が本を発見した時の状態を嘆いた。その後、ペトラルカの死から一年後の一三七五年にフィレンツェの政府書記官長に就いたのは、コルッチョ・サルターティであった。彼はペトラルカとオウィディウスに対する感情を共有し、オウィディウスのことを、「青春期の終わりに聖なる霊感の仕業であるかのように、この学問に対して私の情熱が初めて燃え上がったとき、オウィディウスはある意味扉であり先生であった。」と回想した。ペトラルカがアッティクスに宛てたキケロの手紙を熱中して読んだのと同じように、サルターティもまた、ヴェルチェッリで見つかったキケロの『友人宛書簡集』中に、キケロの全体像を発見したことに衝撃を受けた。アッティクスに宛てたキケロの手紙はここに至って、『友人宛書簡集』とサルターティの書棚において並置され、古代以降初めて再会を果たしたのである。

サルターティは既にペトラルカの生前に、後者が所有するカトゥルスとプロペルティウスの写しを入手しようとしている、またペトラルカの死に際しては、その蔵書から本を何冊か入手するべく現地に直ちに急行した。サルターティは書記官長の任にあったから、ペトラルカのように写本を探し回るためにフィレンツェを離れることができなかった。言わば彼は、彼の六〇〇冊を超える蔵書を持つ図書館を築き上げるために友人や仲介者を介して活動した、自ら動くことのない書籍収集家であった。彼はこれらの蔵書を、彼の友人が読んだり写したりできるよう自由に貸し出した。ペトラルカの蔵書と同様、その死に際してサルターティの蔵書も散り散りになったが、少なくとも彼の生前には、彼がこうあるべきと考えた公共図書館の機能を果たしている。そこでは、学者に全ての入手可能な原本を提供することで文献批評が可能となり、古代の範例に従って改訂版が編纂された。

古代の著述家に精通することは、古代の写本研究の文献批評という新たな研究手法を促進した。その指導的立場を担ったのもペトラルカであった。ある興味深い復元例を用い、学者のジョヴァンニ・ビラノヴィッチは、いかにペトラルカがリウィウスの『ローマ史』〔現在は大英博物館所蔵、ヒラリアン写本2493〕の新たな写本を編集したのか実証した。その編集過程とは、以前は別々に生き残っていたその第一巻、第三巻、第四巻の数十章を再結合させ、他の版との比較とペトラルカ自身のますます深化する古代についての知識を踏まえ誤植を校正するというものであった(33)。後に彼の写本は、著名な人文主義学者のロレンツォ・ヴァッラ（一四〇七－五七）の所有に帰し、ヴァッラは校訂本を作るために自身による校正と批評を加えた。この頃に発明された印刷術のおかげで、筆記者の誤植によってこの校訂本が再び改悪されることはなくなった（印刷術すらもある意味ペトラルカに負うところがある。なぜなら、今日我々がドイツの「ゴシック体」よりも丸い「ローマン」体を用いることは、彼の視力が衰えつつあったために、彼が誤って呼んだ「古代」、つまり一二世紀の活字を彼が賞賛したおかげである）。

古代写本研究に対するペトラルカの文献批評という研究手法は、コルッチョ・サルターティを含む他の学者にも取り入れられた。サルターティは、新たな筆者特定を行うために彼の蔵書における広範な知識を用いた。例えば、彼は『内乱記』の著者をユリウス・ケルススではなく、ユリウス・カエサルと特定している。彼はフィレンツェの起源ついての研究にも懸命に取り組んだ。それまで、フィレンツェはカエサルの時代に創始されたと考えられていたが、サルターティは彼の研究に基づき、実際には共和政ローマ期のスッラの時代に創建されたと提唱した。この意見は、アンジェロ・ポリツィアーノが、やや後の時代に創建されたと記す別の写本を見つけるまで、変えられることはなかった。またサルターティはキケロの手紙を、共和政ローマの終焉におけるカエサルの政治的役割を再評価するために用いた。その手紙でキケロは「世界の頂点にあって、ローマは国民の自由から君主制の奴隷へと追いやられたのである」と述べている。

これらの研究の最も遠大な結果とは恐らく、フィレンツェにおけるギリシャ語を教える教師の任命に他ならない。誰もギリシャ語を解する者がいなかったため、ホメロスの『イリアス』や『オデュッセイア』を読むことができなかった時期があったなどとは、今日の我々には想像するのも困難な現象である。だが一三四八年にホメロスの写本が与えられたとき、ペトラルカはそれを読むことができなかったのだ。彼は「あなたのホメロスは私に口がきけないのだ、いやむしろ、私には彼の言うことが聞こえないのだ」とホメロスを受け取ったことについて書いている。ついには南イタリアのカラブリア地方から二人のギリシャ人が、彼にギリシャ語を教えホメロスを翻訳するために探し出された。フィレンツェにギリシャ語の講座を開設するというサルターティの計画は、その生前に実現することはなかった。だが前述の如くペトラルカのホメロス落掌から二〇年後、コンスタンティノープルからやって来たマニュエル・クリュソロラスがフィレンツェ大学のギリシャ語教授に任命されたという出来事もまた、ペトラルカとサルターティのギリシャ語に対するこの熱狂に由来するものである。

クリュソロラスが来る前でさえサルターティは、コンスタンティノープルにいる彼の生徒の一人に、「我々の期待と飢えを満足させるために彼を急がせよ」と、彼がイタリアへ戻る際に大量のギリシャ語の本（歴史、詩、神話、韻律学に関する論文、辞典、そして特にプラトン、プルタルコス、ホメロスの全書）を持って帰るよう催促する手紙を書いていた。「情熱」、「飢え」、「渇き」――サルターティはペトラルカと同じ言葉を使い、これらの言葉は、彼から絶えず広がり続ける仲間へと伝播した。本屋のヴェスパジアーノ・ダ・ビスティッチによると、クリュソロラスはフィレンツェに着くと、指導用の資料がもっと必要となった。「なぜなら本なしでは彼は何もできなかったのだ」。結果として、プルタルコスの『列伝』、プラトンの『対話篇』、アリストテレスの『政治学』、プトレマイオスの図入りの『地理学』が、こうした渇望に燃え上がる者たちを満足させ、彼らの見解を大きく変貌させるべく持ち込まれた。

フィレンツェにおけるプトレマイオスの『地理学』の受容（一四章で詳述）は、学者、商人、数学者といった種々雑多の集団によって引き起こされるダイナミズムの一例を提供してくれる。これらの人々は本探しを数人の学者の情熱から、我々が今日知るところの書籍収集のようなものへと変容させた張本人である。それは資金、ノウハウを持つ学者、仲介者、そしてアマチュアの愛好家らの共同作業である。彼らが共に書籍市場を創り出し、その市場に書籍を提供したのであった。「もしロレンツォ所蔵の本が売りに出されたなら、それがどんなものであれかなりの高値になると思います。しかしもし手頃な価格で何か良いものがあれば、あなたのポッジョが獲得できるようにどうかお取り計らいください。」と教皇の書記官であるポッジョ・ブラッチョリーニ（一三八〇－一四五九）は、一四二三年にローマからニッコロ・ニッコリに手紙を書いている。

このグループの資金はアントニオ・コルビネッリ（一四二五年没）や、クリュソロラスの講義に出席後ギリシャ語の写本を収集し始めたニッコロ・ニッコリとパッラ・ストロッツィ、そしてコジモ・デ・メディチのような裕福な商人や商人の息子によって提供されていた。ノウハウを持っていた学者は、以下のような人文主義者たちだった。優れた翻訳家であり後にフィレンツェの書記官長となったレオナルド・ブルーニ、一四〇三年にクリュソロラスとともにギリシャに赴き、六年後に五〇冊以上のギリシャ語の写本とともに帰ってきたグアリーノ・グアリーニ（一三七四－一四六〇）、クリュソロラスの講義には出ていなかったが、サルターティが主宰するサークルで教育を受け、教皇の書記官としてこの時期の主要な書籍収集家の一人でもあったポッジョ・ブラッチョリーニ（老年期にフィレンツェの書記官長に任命される）である。仲介者はジョヴァンニ・アウリスパ（一三七四－一四五九）のような者たちであった。彼はシチリア人で、高まる需要を満たすために一四二三年にギリシャより二三八冊の本を持ち帰り、一四五九年に彼が死去するまでにそのうちの三〇冊以外は全て売却されていた。彼の貴重な収集品にはホメロス、ピンダロス、アリストファネス、デモステネス、プラトン全集、その他多数、そして言うまでもなく彼がニッコリにコンスタンティノープルより送った一〇世紀の写本が含まれていた。これらの写本の中には、ソフォクレスやアイスキュロスの戯曲、ロードスのアポロニウスの『アルゴナウティカ』が入っている。

（資金はもちろんのこと）愛好者の強い関心も、バルトロメオ・バルディのような商人に由来している。彼は、「事業の責務に忙殺され、読む時間も買う時間もない」が「役に立ち楽しみをもたらしてくれる」であろう数冊の本を求めた。ポッジョはローマから「スエトニウス、テレンスそしてクルティウス……あなたが良いと思うものは何でも加えてください。なぜならバルトロメオは裕福で本を欲しております……あなたが最適と思う価格にして下さい」という手紙をニッコリに書き、それらの本を手に入れるよう頼んだ。またポッジョは一四三七年に、サルターティの図書館にあるペトラルカの本のうち数冊を欲しがっている者がローマにおり、その願いは「叶えられねばならない」と書いている。「この教皇庁において（ローマにおいて）、そしてフィレンツェにおいてもまた、多数の本、購入者と販売者が存在する。」これらは一五世紀中葉までにイタリアに人文主義者たちが築いた書籍市場にとり、不可欠の要素となっていた。

これらの人々のうち最も記録するのが困難であるものの、多くの点において我々がこの文学運動の社会的ルーツを理解するのを可能してくれる最も重要な人物とはすなわち、気難しく論争好きで寡黙なニッコロ・ニッコリその人に他ならない。ニッコリはフィレンツェの裕福な織物製造業者の息子であったが、彼の父が六人の息子に財産を分配した後、彼に分与された遺産は食いつぶされてしまった。ニッコリはクリュソロラスの講義の出席者で、おそらくこの講義に出席する芸術家に古代の文物の全てに対する情熱を蔓延させた人物であった。ある人文主義者は彼のことを「建築物の法則を明らかにするために、腕まくりをし、古代の建築物を丹念に調べ上げている。こつこつと荒廃した都市の遺跡や半壊した天井、崩壊した劇場の段数……基礎の幅を詳らかにして回っている」と書き表した。彼は本と同様に古代のカメオや彫刻を収集し、友人も敵も区別なく彼の古代に対する崇敬でもって感服させた。ヴェスパジアーノはニッコリの人生について書いた本で「このように席に着いた彼を見ることは、古代の人物を見ているかのようである。それは実に見事な眺めである。」と記述した。アーネスト・ゴンブリッジによれば触発者の役割とは、「単に彼らが存在することを通じて、また会話や議論を通じて変化をもたらすことである……もし他の者が彼らの出会いについて記録を残すことがなければ後世の者は知る由もなかっただろう」。まさにこのことこそニッコリが、彼の情熱的かつ普及力のあるその古代に対する執念を通じ達成したことに他ならないと、ゴンブリッジは指摘する〔77, *p.* 72〕。

なによりニッコリが著名であるのは彼の古代コレクション、特にギリシャ語の写本のおかげである。彼はプリニウスの『博物誌』やプトレマイオスの『地理学』の写本を所有した、最初の人文主義者の一人であった。一四六冊を超えるギリシャ語写本に加えて彼は、ラテン語写本の熱心な収集家でもあった。彼は友人のポッジョ・ブラッチョリーニの助けを借りて、それらを手に入れていた。

この二人のルネサンスのいわゆる書籍ハンター〔11〕の文通は、本探しが与える興奮――そして難しさの生き生きとした描写を我々に与えてくれる。グァリーノ・グァリーニへ宛てた著名な手紙でポッジョは、コンスタンツ湖にあるザンクト・ガレン修道院図書館に囚われの身となっていたクインティリアヌスの『弁論家の教育』を、勇敢にも救い出したことを書き記している〔史料9〕。というのもポッジョは、一四一四年から一八年に教会分裂を終わらせるために開かれた公会議に出席するかたわら、その図書館を訪れていたのだ。クインティリアヌスのような古代の文筆家たちを閉じ込めていたこの野蛮人の獄舎中のその他の財宝から、ポッジョはウァレリウス・フラックスの『アルゴナウティカ』やキケロの諸演説に関する解説書もまた発見し、急いでそれらを写した。「私はそれらをフィレンツェのレオナルド・ブルーニとニッコロ（ニッコリ）に送るかもしれない。彼らがこの宝の発見について私から聞くと、彼らは長々とした手紙を送ってきて、出来得る限り早急にクインティリアヌスを彼らに送るよう私を急かしたのだ。」救出されるや否や雄弁家を教育する方法に関するクインティリアヌスの著作は、イタリアの人文主義的改革者の新たな教育プログラムにおいて多大な影響力を持つようになった。

一四二〇年二月にイギリスの田舎をポッジョは訪れたが、結果は芳しくなかった。「複数の理由により喜びは得られなかった……だがその理由をしいて述べれば一冊も本を見つけられなかったからだ。」彼が言うにはそれらの修道院は「とても裕福ではあるが、ノルマン征服以降に新しく建てられたもので、イギリスでの本探しは諦めた方が良い。なぜなら彼らは本に全く関心がないからだ。」実はある程度はポッジョの訪問のおかげもあり、間もなく事態は一変するのであるが、本探しの熱狂はまだイギリスには広まっていなかった（一四章を参照）。しかし、無事イタリアに戻るとすぐに、ポッジョの情熱は復活した。彼はある時、「本に対する私の渇きは増している」と書いた。またある時には、「その熱狂という虫が私を嚙み、その虫が熱狂に取りつかれている間、その虫は私を助け、私を急き立てるのです。どうかルクレティウスを送ってください……ノニウス・マルセルスのちょっとした本……キケロの『雄弁家』や『ブルータス』、それらに加えて私はキケロの『アッティクスへの手紙』もほしいのです。」と書いた。これらの古代の書物に刺激され、ポッジョは自身のために彼が言うところの「いわゆる本のための調度品」を集め始めた。そのために彼はトスカーナの田舎に小さな家を建てたのだ。それは彼が友人に述べたように、そこで「私の留守に彼ら（本）が休息できるようにするため」であった。ポッジョはペトラルカが正にそうしたように、彼の本を擬人化したのだ。「もし少量の本でもそれに値するなら、私はそれを図書館と呼ぶだろう。」しかし一四三九年にニッコリの死にあたりポッジョがそう書き記したように、最初の「永久に人の役に立つ図書館」の創設に成功したのは、ポッジョではなくニッコリであった。これは一体どういうことなのか？

結局はサン・マルコに本を所蔵したことでニッコリ以上の名声を勝ち取ったのはコジモ・デ・メディチであったのだが、名声や不死性を望むことはそれに際し疑いようもなく重要な要因であった。ニッコリは、初めはフィレンツェにあるアンブロージョ・トラヴェルサーリのカマルドリ会修道院に彼の本を、それらが修道士だけでなく「全ての学問に励む市民」によって読まれることを条件に預けた。しかしトラヴェルサーリが自身の修道会の総会長になるためフィレンツェを離れた後、ニッコリは本の管理を、そしてその本のために建てられる予定であった図書館を、管財人の裁量に任せた。これらの管財人のリストは、彼の人脈がいかに広いものであったかを示している。なぜならそのリストは、コジモを含む裕福な銀行家のメディチ家の三人、ブルーニやポッジョを含むフィレンツェ書記官局の四人、三人のフィレンツェ商人と弁護士、数学者のパオロ・トスカネッリで成り立っていたからだ。一四三七年にはニッコリのまたいとこ、さらにまた別のいとこ、さらに二人の市民、修道士アンブロージョ・トラヴェルサーリの名前がこの管財人リストに付け加えられた。

同時にこのリストは、ニッコリの公共図書館に対する別のより利他的な動機、すなわち彼の同朋を益するという願いを示唆している。ブルーニは彼の『問答集』の中で、本と教師こそがフィレンツェの深遠なる文化的偉業が要求する教育改革にとり不可欠の要素であるという考えは、ニッコリに由来するとしている(12; 124)。そして彼はニッコリの死に際して書いた手紙においてこの話題に立ち返り、父が息子を食べ物で扶養するように彼を本で養ったニッコリを父と評した。彼はこうも書いている。ニッコリは「教育を渇望する全ての人々が、あたかも肥沃な土地から豊かな果実が実るように、(彼の蔵書から)学問の豊かな実りを得ること」を望んでいた。ピエロ・デ・パッツィにギリシャ語とラテン語を勉強するように説得したのはニッコリであった。これは、「商人であり……息子を商人に」しようとしている彼の父の意図に反していた、とヴェスパジアーノ・ダ・ビスティッチは書いている〔28, p. 310〕。ニッコリ自身は学者でもなければ献身的な愛国者でもなかったが（彼は政治への無関心と愛人との同棲という乱れた生活様式から批判の的となっていた）、それでもやはり彼は、一九世紀にマンチェスターやシカゴに公共図書館を建てることに富を使ったジョン・ライランズやウォルター・ニューベリーのような後世の実業家と同じ動機を持っていた。

後述するように、教皇や王侯によって学識ある者のために他にも図書館が建てられている。しかしニッコリの図書館の話は、いくつかのルネサンス特有の主題を明らかにしてくれる。それは、学問に対する市民の献身、また同様に個人の本に対する情熱、本を所有することや著述を行うことが授ける名声や不死化への願望、そして富や富裕なパトロンの重要性である。富の重要性は、一四三七年のニッコリの死より四年後、彼の管財人らが、コジモがドメニコ会の改築されたサン・マルコ修道院に本を収容し、図書館が建てられるまでその本の管理責任を持つことに同意したことで明白となった。コジモは合計七〇〇フロリン銀貨にのぼるニッコリの全ての借金を肩代わりすること（サン・マルコ図書館のために本を手に入れる安上がりな方法であった）に同意した。そして、本がニッコリのものであったことと、大半はコジモの寛大さによってそれが維持されていることとを言明するために、記念板が図書館に置かれることになった。

コジモ・デ・メディチはこの間ずっと、フィレンツェの人文主義運動に関わってきた。彼はロベルト・ロッシの生徒で、一四〇八年にはポッジョによって彼のために写されたキケロの『アッティクスへの手紙』、そのすぐ後にはリウィウスの『ローマ史』を手に入れていた。彼はポッジョの発見を自身の資産と銀行業の手腕によって支え、何年もの間彼はその両方を図書館建設のために使い続けたのである。結果一四九二年に彼の孫ロレンツォが死ぬまでに、一〇〇〇冊を超える書物を所蔵するまでになっていた。アンブロージョ・トラヴェルサーリによるディオゲネス・ラエルティオスの『ギリシア哲学者列伝』の翻訳や、彼の主治医の息子マルシリオ・フィチーノによるプラトンの『対話篇』全巻やヘルメス文書の翻訳に窺えるように、多くのギリシア語書籍の翻訳が、コジモの委嘱によるものであった。これらの本はメディチ家の個人蔵書の基礎となり、一五世紀後半にそれはローマ、ナポリ、ハンガリーの教皇や王侯の図書館を意識的に模倣した、より壮大な図書館へと変容した。書棚の隙間は膨大な数の写本、装飾された書物で美事に埋めつくされた。これらの本は、ミケランジェロの設計になるそれ専用の図書館たるラウレンツィアーノ図書館の机上に広げられることになるのである。この図書館は今日でも世界中の学者のメッカたり続けている〔106, ch. 4〕。

このような図書館のモデルは、コジモの友人トマソ・パレントゥチェリによって提供された。彼は教皇ニコラウス五世（一四四七－五五）になった後に、純粋に教皇のものつまり個人的なものとは異なる、ギリシャ語とラテン語の書物の公共図書館、すなわち「ヴァチカン」図書館の構想を思いついた。彼はこの「学識ある者の公の利便性のための」図書館が完成する前に亡くなったが、この事業はシクストゥス四世（一四七一－八四）によって引き継がれた。シクストゥス四世は既にあるギリシャ語図書館、ラテン語図書館、彼の個人図書室に第四の図書室を増設し、司書を任命することを定めた一四七五年の設立認可状によって、ニコラウス五世の計画を現実化した。この認可状には当該図書館の設立は、「戦う教会の強化」のためや「カトリック信仰の興隆のため」であるのと同様に「学識があり学問に励む者の利便と栄誉のため」になされるものであると明記されている。図書館の改築と、一四九九年以来大学で確立された先例に準拠し、図書館に収められる書物の言語にヘブライ語を加える仕事は、後の教皇シクストゥス五世（一五八五－九〇）に残された〔84, *pp. xii-xiv*〕。

コジモの図書館やヴァチカン図書館を凌駕する図書館は――そこに納入された全ての写本の筆写を行ったというヴェスパジアーノ・ダ・ビスティッチによると、ウルビーノ公フェデリコ・ダ・モンテフェルトロの図書館（現在はヴァチカン図書館のウルビーノ文庫）であった。それはなぜなら、彼の図書館が美しく整備されていたからのみならず、この図書館だけが、コジモのためにニコラウス五世によって制定されたテクストの規範に従い、個々の著作家の全作品と同じく、ラテン語、ギリシア語そしてヘブライ語による多様な著作を含むことにより、より包括的なものたらんとしていたからに他ならない〔28, *pp. 104-5*〕。ヴェネツィアではベッサリオン枢機卿が一四六八年に同地に書籍を遺贈したことで、都市の中に公共図書館を設立するというペトラルカの計画が実現した。これがもう一つの著名な図書館、マルチャーナ図書館の設立へとつながる。サルターティはそこにおいて学者たちが利用可能な全ての資料に基づき、テクストの校訂版を産み出すことができるような公共図書館の実現を夢見ていた。教皇ニコラウス五世やメディチ家のようなパトロン、ロレンツォ・ヴァッラやアンジェロ・ポリツィアーノのような学者が一体となった尽力のおかげで一〇〇年後に彼の夢はほぼ実現する。

これらの学者は人々の過去への態度を変化させる、歴史や文学批評の新基準を登場させた。マキアヴェッリの著名な『リウィウスの最初の一〇巻についての論考』〔1, 序文〕〔20, *pp*. 97-9〕における比較に半世紀以上も先んじて、歴史家の技術を裁判官や医者のそれと初めて比較したのはロレンツォ・ヴァッラ(一四四五—四六の間に執筆されナポリのアルフォンソ王に献呈された彼の歴史書において)であった。ヴァッラは、『コンスタンティヌスの寄進状』が中世に偽造されたものであると摘発したことで有名である。彼は、歴史的な文書史料の真偽判断のために言語学を用いた最初の人物でもなければ、『寄進状』に異議を唱えた唯一の人物というわけでもない。ペトラルカは、一三五五年に皇帝カール四世のためにある文書に批判を加えたし、『寄進状』に対しては当時、イギリスの学者だけでなくドイツの学者からも異議を唱えられていた。それらは全て「新たな歴史感覚が育ってきている」ことの証ではあるが、ピーター・バークが言うように、ヴァッラの批評は「最も入念かつ体系的」であり、いかに密接に言語学と歴史感覚が関連したものであるかを良く示している〔47, *pp*. 50-8〕。

よりいっそう影響力を有したのは、文献批評に関するロレンツォ・ヴァッラの著書『ラテン語文体論』と『リウィウスの六巻への校訂』であった。これらは後の『新約聖書』に関するエラスムスの業績に影響を及ぼした〔史料11〕。しかし、ルネサンス時代随一の古典学者となったのはアンジェロ・ポリツィアーノであった。一四八九年に書かれた彼の「素晴らしく独創的な」『雑纂』〔82, *p*. 22〕

は、文の訂正や解釈のための新たなより良いルールをもたらしただけでなく、煩瑣で冗長な注釈の代わりに、書物を非常に読みやすくする章立ても導入した。ポリツィアーノは、ギリシャ語原典に関する深い造詣に歴史上の、そして碑文上の証拠を採り入れた。これは、ギリシャ語原典に由来するラテン語文書を完成させ、改善するためであった。その成果は、文献批評に対する全く新たなアプローチへと結実した。初期の人文主義者の社会的な関心や政治的な関心を排除して、今やそれ自体の目的のために文献批評というこの新しいアプローチが採用されることとなったのだ。

一九八〇年に開催された、「科学の復活」に関するメディィチ家の図書館収蔵の書物の展覧会が示したように、とりわけ科学の分野において、メディィチ家の図書館がロレンツォ・デ・メディィチの存命中かくも多くの重要な写本を取得し得たのもまた、ポリツィアーノによるところが大きい。この展示には以下の本が含まれていた。コジモが人文主義者フィリッポ・ピエルッツィから手に入れ、商人アントニオ・コルビネッリの書庫から得た別の本とともにサン・マルコの図書館へと譲られたユークリッドの『幾何学原論』、ロレンツォ・デ・メディィチのためにポリツィアーノが要請し、ヴェネツィアで写されたアルキメデス、パオロ・トスカネッリの相続人からポリツィアーノが購入し、それから彼によって翻訳されたガレノス、ニッコリの要請でコジモ・デ・メディィチがリューベックから手に入れたプリニウスの『博物誌』、メディィチ銀行の総支配人フランチェスコ・サセッティがミラノから手に入れ、一四七八年の正に最初の印刷版である第一版のためにバルトロメオ・フォンツィオが用いたケルススによる『医学論』の一〇世紀の写本、「古代の見本」からパオロ・

トスカネッリが写し、ニッコリが校訂したテオプラストスの『植物誌』、一四一七年にフルダでポッジョが発見しニッコリが所有した、ルクレティウスの『物の本質について』、プラトン、アリストテレス、プトレマイオスである。この図書館が科学革命の初期段階にとって根本的な写本を、どれほど多く有しているかを確認するためには、この展覧会のカタログを見てみればよい。

ポリツィアーノはアンソニー・グラフトンが呼ぶところの、「三つの重要な変化」から恩恵を受けた〔82, *p. 14*〕。この「三つの重要な変化」こそが、一五世紀中葉以降に人文主義者に多大な影響を与えた。一つ目はローマとフィレンツェの新たな図書館である。二つ目は印刷術の発明である。この印刷術こそが、「文献学における新たな正確さを可能にした」。なぜならイタリア中の人文主義者が研究を行うにあたり、古典文書の統一された版を持つことをそれが可能にしたからであった。三つ目は、初期の人文主義者の研究を吸収することから得られた自信である。ポリツィアーノにとってのニッコリの図書館の重要性は、正確なテクストを確定する方法を彼が説明する一節からも明らかである〔史料10〕。多くの歴史学者にとって、古代文書の研究はルネサンスの最も重要であり長く続く業績であるものの、それを促した本の復元はそれに加えて他の重要な成果をもたらしたのである。

9 新たな学校教育

ペトラルカの本に対する情熱は、次々と他の新たな熱狂をもたらした。その中でも最も重要であるのは、新たな指導カリキュラムを備えた新たな学校であった。彼自身は教師ではなかったが、彼が育んできた教科——歴史記述、詩や文学、手紙の書き方や個人と道徳の問題に関する自問自答——は全て人文主義、つまりはリベラルアーツにかかわるものである。これは中世の教育カリキュラムのより技能志向的な、あるいはより科学志向的な諸教科とは対照的なものである。芸術もペトラルカが育てた教科の一つである。前述のように彼は同時代人の誰よりも自身の肖像画を残している。ラテン語と同様にイタリア語でも書くことによって彼の仕事は、イタリアの都市や宮廷で発達しつつあった新たな知識人階層を養成する一助となった。彼の個人的な熱中を通じ彼の仕事は学者たちだけでなく、こうした一般知識人をも熱狂させたのである。学者たちはノウハウを提供した。まさに彼らが、古代の学校や往時の教育プログラムを当世に伝える古代の書物を復活させ、その内容を実践したのである。この新たな知識人階層が人文主義的教育に、制度的支援や生徒を提供した。これ無くしては何事も変わらなかっただろう。

特に二冊の古代の本が影響力を誇っていた。どちらもペトラルカの時代には知られていなかったが、一五世紀初頭に再発見され翻訳されたものである。一つは、クインティリアヌスの『弁論家の教育』である。この書物は一四一七年にポッジョにより「解放」されるに至るまで〔史料9〕、ザンクト・ガレン修道院図書館の「薄暗い牢獄」に囚われの身となっていた。ポッジョはそれを彼の友人のため筆写したのである。いま一つはプルタルコスの『子どもの教育について』で、クリュソロラスの生徒の一人であったグァリーノ・グァリーニによって『弁論家の教育』に数年先立ちラテン語に翻訳されていた（クリュソロラス自身はギリシャ語の文法書『エロテマタ』を書き、これは新たなリベラルアーツのカリキュラムにおいて重要な教科書となった）。それらは共々に新たな学校と新たな教師の出現を促したのである。

我々が最もよく知る当時の学校の名前は、設立者の熱意を物語っている。その名は「カーサ・ジョイオーザ」つまり「喜びの家」で、ヴィットーリノ・ダ・フェルトレ（一三七八－一四四六）の指揮の下、マントヴァに創設された。この学校は歴史家W・H・ウッドワードによって「最初の偉大なルネサンスの学校」と呼ばれている〔162, p. 24〕。この施設は広大な草原に囲まれた建物の中に、ゴンザーガ家によって一四二三年に建設されている。そこは「ラ・ジョコーザ」（遊興園）という名の賭博場だったところで、その名前をヴィットーリノはだじゃれにより「ラ・ジョイオーザ」と変えたのであった。それ以前ヴィットーリノは、パドヴァとヴェネツィアで文法の教師（初期人文主義教師のガスパリーノ・バルツィッツァとグアリーノとともに）をしていた。最初は、ゴンザーガ家の子どもたちだけを教えるためマントヴァに招かれた。彼らは三歳から九歳の三人の男の子であった（その後それに女の子と別の息子も加わった）。しかし間もなく彼はマントヴァの主要な一族の子息だけでなく、町のより貧しい子どもたち、イタリアの他所から来た統治者や学者の子どもたちをも教えるようになる（人文主義者グアリーノ、ポッジョ、フランチェスコ・フィレルフォの子どもたちに加えて、著名な武将かつ文人となったフェデリーコ・ダ・モンテフェルトロもまたそこで教育された）。生徒たちは全部で七〇人もいた。学費は個々の財力に応じて定められた。そして貧しい者の授業料や生活費は、ヴィットーリノ自身によって支払われた。読み書きは年少の子どもたちに対しては、文字遊びを通じて教えられた。文法の授業の後に年長の子どもたちは、ギリシャやローマの歴史家や演説家の文を朗読することを学んだ。二つの言語は並行して教えられたのである。算数、幾何学、天文学といった旧四科に基づく他の教科は、算数はゲームで、幾何学は製図や測量で、天文学は星を学ぶことでといったように、実践的な方法で教えられた。ギリシャ語はガザのテオドロスのような学者によって教えられている。彼のギリシャ語文法学は、後にエラスムスによりケンブリッジへともたらされることになろう。まさにケンブリッジこそは、この新たな教科が英国において大衆化することを促した場だったのである。教育の主眼が置かれたのはもちろん文学であったが、ヴィットーリノによって復活した古代教育の別の特色は定期的な身体運動であった。跳ぶこと、走ること、そしてボール遊びは、ラテン語の決まり文句が言うように、「健全な肉体に宿る健全な精神」をつくるために全て取り入れられた。ヴィットーリノ自身は彼の学校で積極的な役割を果たし、一日に七、八時間教え、時には生徒に特別授業をするため、早朝生徒をベッドから起こしもした。

こうした新たな理念に賛同する知識人階層の著しい成長のおかげで、これらの新たなスタイルの学校に対する熱意は、ゴンザーガ家やウルビーノのモンテフェルトロ家のような傭兵隊長の子息たちが教育を受けるマントヴァの宮廷とは全く異なる環境へも広がって行くことになる。著作家であり建築家のレオン・バッティスタ・アルベルティもまた、一四三〇年代にフィレンツェで書かれた彼の対話篇『家族論』の中で、この新たな人文主義教育プログラムを推奨している。彼の家系はフィレンツェ出自であるにも関わらず、アルベルティはパドヴァでバルツィッツァの教育を受けている。アルベルティの著作は、ある程度はゴンザーガ家のような人々に向けても書かれたのである。彼はそうした人々が手に（狩猟用の）「鷹」を持つよりも、「本」を持つ方が好ましいと思ったのだ。だが当然ながら彼の本が想定する読者には、彼自身のような商人一族も含まれていたに違いない。なぜなら、彼が「〈もし自分の名前のサインの仕方を知っていて、勘定をすることができたならば、十分に教養がある〉などと人々がよく言う言い草が嫌いである。我がアルベルティ一族は皆教養のある人間だ。」と言っているからである〔7, p. 80〕。伝統的に商人一族の子弟は誕生の時点で、商人として生きていくよう運命づけられていた。読み書きを学ぶための公立か私立の小学校を出た後、商業畑に弟子入りする前に彼らは一〇歳からおよそ二年かそこらを、数学や通商の技術を学ぶために中学校か「そろばん」学校で過ごす。ここでアルベルティは、父親たちは誕生時に子どもの将来を決めるべきではないと訴えている。代わりに、彼らは子どもが遊んでいるのを見ることで彼らの生まれ持った才能を見出してやるべきだという。そして、彼らは幅広い読書によって子どもを教育するべきだという。例えばホメロス、ウェルギリウス、デモステネス、キケロ、リウィウス、クセノフォンを読むことをアルベルティは勧めている。それに加えて、アーチェリーやボール遊びのようなスポーツも推奨している。なぜなら人間とは生来社交的であるからだ。彼は生来活動的で、他者と生活し交流するように創造されているのである〔史料12〕。

アルベルティ家は一三九〇年代に追放される前は、フィレンツェで最も裕福で傑出した一族の一つであった。レオン・バッティスタは追放中に生まれ、パドヴァのガスパリーノ・バルツィッツァの人文主義学校（ヴィットーリノ・ダ・フェルトレも通っていた）で教育を受けたが、彼の対話篇はフィレンツェの裕福な商人階級の理想を説いている。一五世紀初頭よりニッコリのような人物は商人階級の間に、新たな人文主義教育カリキュラムに対する関心を広めていた。例えばピエロ・デ・パッツィの父は、商業訓練の代わりに人文主義教育を息子に与えるようニッコリによって説得されている。また薬問屋のマッテオ・パルミエーリは『市民生活について』という彼が執筆した本において、同様の見解を主張している。このような環境の中で、アルベルティの対話篇は豊かな土壌に降り注いだのである。フィレンツェの父親たちは、こうした助言を彼らの手帳に書き留めるだけでなく、それを実行に移すため、即座に子どもたちのために教師を雇い入れた。ロレンツォ・デ・メディチは彼の息子と娘の教師として、アンジェロ・ポリツィアーノを雇用している。ギリシャ語とラテン語を指導するだけでなく、この卓越した学者は、彼が預かる幼い子どもたちとゲームをして遊びもした。一四七八年に彼は田舎より子どもたちの父親へ悲しげに手紙を書いている。「我々の唯一のニュースは、長雨のため家から出ることができませんので、狩りと引き換えにボールを追いかける遊びをしていることです。なので、子どもたちは普段の運動をし損なうということはないでしょう。」〔6, pp. 213-14〕

ゴンザーガ家のような職業軍人やアルベルティ家のような商人銀行家にとって、この新たな教育の何が魅力であったのか。表面上、ラテン語やギリシャ語やアーチェリーといったものは、軍人にとっても銀行家にとっても実用的な技能ではない。それらが急速に流行するようになった、ヨーロッパの他の地域の子どもたちにとっても同様であった。このことはサー・トーマス・エリオットの『家庭教師と題された本』（一五三一）〔史料13〕や、ロジャー・アスカムの『学校教師』からも見て取れる。『学校教師』は若き貴族に彼らが新たな「イタリック体」を習わなければ、「より生まれの卑しい者の」子どもたちが、彼らにとって代わって政権を取るだろうと警鐘を鳴らした〔9, pp. 40-1〕。歴史家は人文主義教育によって教えられる自由主義、共和主義の価値観は魅力的なものであったと考えている。なぜならそれらはイタリアの自治都市における政治生活に関わっており、中世の学校における聖職者養成教育に取って代わる、より世俗的かつ「人間的」な尺度を提供してくれるからであった。修辞学のようなコミュニケーション技術や言語、歴史は、市民が政治に積極的に参加する自治社会にとって明らかに有用な知識であった。イタリア諸都市において、文法や修辞学の公的な教師の任命が早くから行われていたことが、それを物語っている。修辞学や政治に関する古代の本は、「市民が政治生活に参与すること」を可能にするために一二世紀から読まれていた。修辞学は「すなわち演説の学」であり、フィレンツェの第一平民政府の書記官長であったブルネット・ラティーニによって、「都市政府に関する学問」と呼ばれていた。教育と黙読の力は、個人の自立と同様に政治的独立とも密接に関わっている。つまり黙読の力とは、ミシェル・ド・セルトーが示唆的に呼んだように、「自己の自立の条件……読み手の身分証明書」なのである〔52, *p. 17*〕。アルベルティによって一五世紀に、既に同様の考えが示されていた。アルベルティは、教育とは「たとえどんな活動であれ大いに助けとなるものだ……説明する必要もない……誰が始めたどんなことにおいても、識字がいつも名声と成功を獲得する助けにどれほどなってくれることか」〔7, *p. 83*〕と記している。従って貧困が学問を修めるための障害となるべきではない。「このような理由で文学を学ぶことを完全に諦めてはならない」と、上昇志向のある若いフィレンツェ人は一四七三年に、彼のひどく貧乏な兄弟に手紙を宛てている。「そして一か月の金額が半ダカット銀貨かそこらの月給が、お前を人並みにする額だなどと考えるな……私の助言はこうだ。そんな安月給に甘んじるよりも二、三年は合間にお金を稼ぎながら、勉強するほうが良い。」

しかし、ある点において新たな人文主義教育カリキュラムは、旧スコラ哲学よりも自主性を抑制した。学術的討論の役割を縮小し、事実の暗唱を繰り返し行うことを推奨することで、アンソニー・グラフトンとリサ・ジャルディンが論じているように〔85, *pp. 23-5*〕このカリキュラムは、自治市民というよりも忠実な官僚や廷臣を作ることに適合していた。社会的にも人文主義は上昇志向のある都市住民にだけでなく、貴族やその臣下に対して、彼らがポスト封建主義的社会に自身を適応させた際の新たな行動基準を提示した。ノルベルト・エリアスは、この変化を貴族の優雅さという特性から「礼儀正しさ」つまり「洗練された」振る舞いの一つへの変遷であると定義した〔68〕。ニッコロ・ニッコリは彼の伝記作家ヴェスパジアーノ・ダ・ビスティッチによると、新たな「洗練された」振る舞いの基準を確立した最初のフィレンツェ人の一人であったという。「彼が食事をするとき、彼は最も美しい古代の食器から食べ、テーブル全体は磁器製品や他の素晴らしく優美な食器で覆われていた。彼はガラス製や貴石で造られたゴブレットから飲んだ。彼が食卓に着く姿はなんと気品ある姿であろうか。まるで彼は古代からやってきた人であるかのようだ」〔28, *p. 402*〕。

次第にこの新たな洗練は、ヨーロッパ中の宮廷や宮殿で流行した。以前は若者は単に「ナイフで歯をほじらないように」と言われるだけであったが、今やエラスムスのような人文主義の指導者は彼らに、「きちんと洗われたグラスとナイフは右側に、パンは左側に置く」ことがより洗練された作法であると教えるのである。ロンドンでは新たな人文主義教育は、ジョン・コレット（一四六七?－一五一九）のイタリア訪問後に彼によって創設された学校、聖パウロ学校で教えられた。セント・ポール大聖堂の首席司祭としてコレットは聖職者であったが、一五〇九年に彼が建てた新たな学校の学校長が聖職者であるか平信徒であるかは、もしその人物が生徒たちに「正しく完全なラテン語文体」と可能であればギリシャ語を教えることができるならば、問題ではなかった。最高で一五三人の子どもたちがそこで教育を受けることになり、その中には学校を掃除することで授業料を払うことになる貧しい子どもたちも含まれていた。そのカリキュラムには、マントヴァのヴィットーリノ・ダ・フェルトレの学校のような人文主義学校で教えられたよりも、キリスト教関係の聖句がより多く含まれていたけれども、コレットがウェルギリウス、キケロ、サルスティウスのような古代の著作家を重要視したことや、全ての「野蛮な行為」や崩れたラテン語に対して憤慨し拒絶したことは、彼をイタリアの人文主義教育主義の信奉者として特徴づけるものである〔150, pp. 83-5〕。

つまり我々は、ルネサンスの教育を共和主義や個人主義と全く同一視すべきではない。これは、女性への態度からいっそう明らかである。ヴェネツィアのカッサンドラ・フェデーレやフィレンツェのアレッサンドラ・スカラのような数人の例外的な学問好きの女性の存在は、一九世紀にヤーコプ・ブルクハルトを、ルネサンスの女性は「男性と完全に対等な立場にあった」という誤った考えへと導いた〔44, P. 240〕。反対に近年の研究は、ある点において彼女たちの待遇はルネサンス以前よりも悪くなっていたことを明らかにしている。中世では、男子と同様に女子も地域の学校で読み書きを教えられており、より多くの女性がルネサンスの宮廷や大学における以上に修道院においてスコラ哲学研究を楽しんでいた。ほとんどのイタリア諸都市で適用されるようになったローマ法は、女性から法的な地位を奪い、結婚後に女性が夫の所有物となることの法的裏付けを提供した。すなわち一般的に古典復興は、女性の平等を促進することに何ら寄与しなかったのである。むしろその逆ですらあった。数人の成功を収めた女性学者が著名であるのは、単に彼女らが例外であるからだ。

かつ、アラゴン家のエレオノーラやスフォルツァ家のカテリーナのような成功を収めた女性政治家はさらに稀であった。リサ・ジャルディンは、多くの場合、古代の教育は女性に生活に必要な技術というよりも、音楽や上品なレース編みといった女のたしなみを提供したと示唆する〔92〕。そして彼女たちにおける真実というものは、おそらく男性らにとっても真実であったのだろう。

それにもかかわらず、女性はまた教育者として重要な役割を担っていた。つまり、教師（フィレンツェの書記の子どもたちの教師はクレメンティアという女性であった）としてでもあり、母親としてでもある。彼女らは子どもたちのしつけにおいて大きな役割を果たしており、彼女らの影響力は人文主義教育プログラムの成否を決定する上で極めて重要であった。ロレンツォ・デ・メディチの博学な母、ルクレツィア・トルナブォーニは人文主義教育を奨励し、ナポリ貴族であったロレンツォの妻クラリーチェ・オルシーニはそれに反対した。クラリーチェは、ポリツィアーノを解雇するに至っている。なぜなら、彼女は新たな教育が気に入らなかったからで、彼女の息子ジョヴァンニ（後の教皇レオ一〇世）の読み物を聖書の「詩篇」へと変更させた。他方ポリツィアーノはロレンツォ・デ・メディチに対して「詩篇（の講読は）、私が承認していないものです」、「彼女が留守の間に、彼は素晴らしい成長を遂げました」と書いている。これに対してルクレツィア・トルナブォーニは、ロレンツォの姉で彼女の娘ナンニーナ・デ・メディチの相談相手であるのと同時に、ポリツィアーノの友人であり支援者であった。ナンニーナの夫が子どもの家庭教師を解雇した時、ナンニーナは彼女の母に、ロレンツォの幼い子どものためにロレンツォにその家庭教師を雇わせるように頼んでいる。彼女が「もし自分のやり方を通したければ、女に生まれることは何の役にも立たない」という事実に嘆き悲しんだ時の彼女の母の共感は、疑いようもなく確かなものであっただろう〔6, PP. 216, 222-3〕。アリストテレスは、女性は成人である自由民人口の半分を占め、「子どもたちは、いずれ市民となり政治生活に参与することになるのだから」、女性は教育を受けるべきであると考えた〔『政治学』I, 1260b〕。古代において教育は、支配階級にとって最も重要な事案であった。そして、ルネサンスにおける女性特有の役割というものはアリストテレスの時代と同様に、その階級を養育する一助となることにあったのだ。

10　自由への愛

「フィレンツェでは、自由とは我々の壁面や旗に書かれているのと同様に、我々の心にも刻み込まれている。」グイッチャルディーニが『フィレンツェの政体をめぐっての対話』において論争者の一人に口にさせたこの言葉は、伝統的にイタリアの自治都市国家と結び付けられてきた自由に対する愛を要約している〔18, *pp. 16-17*〕。グイッチャルディーニが言うように、確かにこれらの都市国家は自由という言葉を壁や旗に記してきたのである。伝統的に自由とは、ルネサンスのもう一つの典型的な特徴である。少なくともハンス・バロンの論文によれば、初期の自治都市のほとんどは一五世紀までに独裁体制に屈してはいたが、生き残っていた共和国における自由に対する激しい情熱は、一四〇〇年頃に燃え盛る政治問題として新たな命を古代ローマの共和主義に吹き込んだのである。しかしながら既にルネサンス期にあってさえ、グイッチャルディーニのようなフィレンツェ人は、こうした自由の実在に対して懐疑的になりつつあった。彼の『対話』で別の話者は自由を全ての人間にとって当然の情熱というよりむしろ、「見せかけや口実」に過ぎないと評している〔18, *p. 35*〕。

そして現在ほとんどの歴史家もグイッチャルディーニと同様に、こうしたフィレンツェの自由への愛について懐疑的であり、その愛自体がプロパガンダの要素であったことに加え、修辞学の模範に多くを負うものでもあったと十分承知している。古代の共和主義もまた再定義されたがそれは、後年欧米に出現するような個人主義的共和主義と比較して、理論においても実践においても遙かにエリート主義的かつ保守主義的なものであった（なかんずくプラトンやアリストテレスの影響を色濃く受けた著作にあっては）と認識されている(127)。それにもかかわらず自由は、その時代にずっと人々の心の琴線に触れる力を保持し続けたのである。それはイタリアだけでなく、信仰や政治的自由のために戦うことにより共和国や民主政の確立が促されてきた、フランスやイングランドのような国々においてもそうであった。自由は古代の共和政体のイデオロギーの復活と密接に関連していたので、我々が研究し理解しなければならない情熱の一つとして生き残ったのである。

アリストテレスによると共和政体とは、公共善のために市民が統治し同様に統治されるもので、役人を頻繁に変えることによって自由と平等を保証するシステムである。イタリアの自治都市は、政府が短期間かつ絶え間ない執政官の改選によって機能する共和主義を採用してきた。執政官は、選ばれた選挙管理人によって適任として承認された者の中からくじで選出される。適切と認められた人は全人口のおよそ一〇パーセントである。『大都フィレンツェ讃』（一四〇二－〇四年頃）における、レオナルド・ブルーニのフィレンツェ政体の分析は、このことを明らかにしている。彼が言うには、平等は全ての市民が一様に同じ法に服従するという事実によって、そして高位の貴族が法を犯した場合は一般人以上に高い罰金と罰則を課すことによって保証される[このようにして、貴族よりも低い平民の地位は埋め合わされている]一方で、自由とは市民が一回につき二か月(長くとも四か月)間、官職に就いたという事実によって示される[13, *pp.169-74*]。ブルーニがフィレンツェの共和主義をギリシャの共和主義とどの程度まで同一のものとみなしていたかは、一四三九年に彼がフィレンツェ政体をフィレンツェ公会議に出席したギリシャ人たちに説明しようとした際に、よりいっそう明らかとなった。彼はこう言った。(フィレンツェの政体とは)「全く貴族主義でもなければ、全く大衆主義でもなく、両者の調和である。」言い換えれば、それはアリストテレスがその著作に示した政治形態であり、共和国家における最も実践的な様式に他ならない[史料14]。

フィレンツェの審議会の議事録の詳細や法律書は、実際問題として共和主義的政体が意味したものを鮮やかに描写する。大勢の市民が彼らの見解を示すために招かれる非公式の議論の後、貴族の評議会によって最終的に裁可される前に、付託された法案は最初に人民評議会へと予備的に提示される。そこでそれらは「はっきりとイタリア語で」読み上げられ、更なる議論の後、賛成には黒い豆が、反対には白い豆が袋に入れられて投票される。この政府の民主政体は誇張されるべきではない。評議会は通常一定の割合の職人やギルドの組合員を含んでいたが、議論はほとんど常に数人の信頼できる発言力のある者によって牛耳られていた。このことは、いかなる「訂正の疑念や恐れもなく」自らの意向を率直に話すことができるよう、全ての市民の権利を保証する法を通すことが必要であったという一四七五年の出来事と同様に、今日に残る様々な記録からも我々は確認することが出来る。それでも、議会で多くの市民が黙っていたにもかかわらず、有権者として、彼らは皆修辞法の力に影響を受けやすく、政治的な成功と失敗は修辞法にかかっていた。

修辞法やはっきりとした説得力を以て話すことの技術の重要性は、フィレンツェの政治集会の議事録から明らかである。一五世紀初頭より我々は、市民がキケロやクインティリアヌスから学んだ説得力のある技術を応用していたことが分かる。彼らの政策を容認させたり拒絶させたりするために彼らは、「奨励する」「頼む」「説得する」「批判する」や「賞賛する」といったような動詞を使っているのである〔43, *p.10*〕。一四五一年にはある若いフィレンツェ人、二〇歳のドナート・アッチャイオーリは、借りていたキケロの『弁論家について』を手放さないでおくこと、そして論理学や哲学といったより進んだ教科を勉強することを諦めることを決心している。なぜなら、彼はカルロ・マルスッピーニがギリシャの雄弁術や詩学について一連の講義を行おうとしていることを聞いたからであった。なぜ若きピエルフィリッポ・パンドルフィーニは、ギリシャ人教師ジョヴァンニ・アルギュロプロスがプラトンの『メノン』を解説するのを聴くことに魅了されたのかを、今日我々が推測することしかできないのと同様に、我々はなぜドナートが教科を変えたかったのかを推測することしかできない。どちらの若者も、都市において彼らが後に果たす政治的役割のために教育されていた。そして我々は、彼らが政府の一員として行った演説から、彼らがフィレンツェで学生として吸収してきた雄弁術や哲学にいかに影響されていたのかを見て取ることができる。

古代史に対する情熱にもまた実際上の政治的意図があった。コルッチョ・サルターティの手紙は古典を参照することを通じて、しばしば己が論点を強調している。マケドニア王ピュロスの例は、イタリアの自治都市に海外からの侵略者を追い出すことに積極的になるよう説得するために引用され、スキピオ・アフリカヌスの例は、不必要に戦争に従事することの危険性を警告するために引用された。一五世紀までに一般市民は、彼らの議論を補強するために歴史に訴え始めてもいた。リヴィウスによって記述されたカンネーでの大殲滅戦は、当時フィレンツェを攻撃していたナポリのラディズラーオ一世に対する粘り強く断固とした態度に賛成の意見を述べるため、ある政治集会で引き合いに出された。一方でセネカは、「誠実であることだけが善である」という道義に基づく行動指針を採用するための議論を提供した。一四一三年には既にある市民が、一〇〇年後にマキャヴェリが有名にしたようなある格言を提案している。「利口に公務を司るためには、現在と未来に対処するため過去を研究することが不可欠である。」ジーン・ブラッカーはこれらの集会の描写において「著しく唐突に、歴史がフィレンツェの政治的審議の主要な側面となった。」と指摘している〔43, *p. 7*〕。

この段階で古代と当代の価値観の濃密な同一視があった、またはあったようである。コルッチョ・サルターティにとり、フィレンツェのような都市と同一のものであるとみなした古代の共和主義と他所の君主制政府との相違は明らかであった。教皇庁の派遣した支配者が退去したことを聞きボローニャへ宛てた手紙でサルターティは、商人や職人によって統治される人民政府を確立したことについて、ボローニャに対し祝意を述べている。これらの人々はどの国家にもいる人々である。

それは自由と平等と正義を愛し、血による高貴の身分を鼻にかけず、統治する欲は無くても「政権へと召し出されれば共和国を統治し、彼らが一般市民に戻れば無条件で政府に従う」人々である、と彼は記述する〔159, *p. 455*〕。一五世紀までにフィレンツェ人はキケロを模範にして、古代のトーガを着たローマ人の政治家のような胸像や絵画で自身を表象し始めた。行政長官カルロ・マルスッピーニ（一三九九－一四五三）は手紙で、いかに「古代人がかつて彼らの祖国を隷属から自由へと救い出した人々に大きな名誉を授けていたのみならず、彼らを像や公共の記念碑で飾っていたか」につき記述している。これはまさに彼と長官として彼の前任者であったブルーニの両者が、ローマ市民と同様に公的な葬儀により顕彰され、公費でサンタ・クローチェ聖堂の古典様式の墓に埋葬された時に授けられた報賞であった。そして一四六四年にコジモ・デ・メディチが死去した時、彼は国父（Pater Patriae）なるローマ共和国時代の称号を授与される栄誉に浴した〔37, *p. 14-15*〕。一五世紀末までには、貴族出身のローマの法律家マリオ・サラモニオのような非フィレンツェ人でさえ、フィレンツェを最良の「真の」共和国の模範として、アテネと比較することが当然であると目していた。

一六世紀初頭にグイッチャルディーニが自由を単なる「名前」、「イメージ」、または「口実」と呼ぶことによって示唆したように、問題は政治的な現実が理想からは程遠いということにあった。一三〇〇年代後半においてさえ、サルターティによるフィレンツェ共和政体のプロパガンダは、ちょうど当時のフィレンツェのように古のアテネは「三〇人の暴君」によって支配されていたではないかという中傷による反論を受けていた。彼は、フィレンツェは「数千人の人々」によって統治されているのだと素早く切り返したが、フィレンツェの諸評議会に関する近年の分析が明らかにしたように、実際にはこれらの評議会はほぼきっかり三〇人の中心勢力となる「有力なエリート」、「特定の名士集団」によって牛耳られていた。一五世紀までにフィレンツェの支配権は、他の自治都市と同様に、次第に少数の人間に限定されるようになっていた。対等な人々からなる共同社会の指導的な市民像からはかけ離れた、国父という共和国的な称号が示唆するように、コジモ・デ・メディチは実際にはこれらの変革の立案者であり、父親というよりむしろ党派の指導者ないしは首領であった〔113〕。

フィレンツェについて真実であったことは、他の生き残っている二つの共和国、シエナとルッカにおいても真実であった。ヴェネツィアとジェノヴァでは、統治は商人貴族から成る閉鎖的な寡頭政治によって遂行されていた。マキャヴェリが彼の『政略論』〔I, 55〕で批評したように〔20, *pp.* 247-8〕彼らの寡頭政治は、彼らの君主つまり「統領」が世襲ではなく終身制であり、彼らの権力は領地ではなく通商貿易に基づくものであったという点においてのみ、他所の貴族政治とは異なっていた。そのためヴェネツィアとジェノヴァの政府は一五世紀末までには、ますます王侯宮廷の様相を呈するようになった。一四七〇年代にある人文主義者はロレンツォ・デ・メディチとマントヴァ侯爵のロドヴィーゴ・ゴンザーガに対して、前者には「最良の市民について」、後者には「王侯について」というタイトルをつけてほぼ同一の論文を献呈している。またマリオ・サラモニオも似たようなことを行った。彼はフィレンツェの共和主義を熱烈に称賛したすぐ後に、メディチ家出身の教皇レオ一〇世のために「君主統治論について」という論文を書いたのである。このことこそが、歴史家が今日、イタリアの共和国の自由と平等に対して懐疑的とならざるを得ない理由である。なぜなら、歴史家はそれらを、彼らの増大する権力の独占を正当化したり隠蔽したりするために、支配階級によってひねり出されたプロパガンダとみなしているからだ。これは、まさにプラトンの『国家』において推奨された政府の形態に他ならなかった。そこでは、権力は専門家の小集団と「哲人支配者」の手中に独占されていると述べられている。この時期のフィレンツェにおけるプラトンの人気は、我々にこの都市当時起こっていた政治上の変化につき多くを教えてくれることだろう〔37, *pp. 215-45*〕。

しかしながら、何人かの歴史家がするように修辞的なものであるに過ぎないと、イタリア都市の自由という考えを退ける代わりに、我々はなぜそれが依然としてイタリアの政治において実際的な役割を果たし得たのかを理解する必要がある。それは、抵抗イデオロギーの源として役立っただけでなく、フランチェスコ・グイッチャルディーニの専制政治に関する啓発的な考察からわかるように〔史料15〕、来るべき事態に関する警告という役目をしていた。さらに第四章で述べたように共和主義自体は、自由を愛する顔と帝国主義者としての顔という二つの顔を持っていた。ブルーニはフィレンツェがローマ起源であることを「(フィレンツェの) 全世界に対する支配」という主張を正当化するために利用し、後のフィレンツェ人らも同様に「我々が使う言語を使っていたローマ人の先例に従って」、国家は個人の利益に優先することを認められるべきであると議論した。

国家の利益最優先の認識、またはフランチェスコ・グイッチャルディーニが一六世紀初頭に初めてそう呼ぶことになる「国家理性」〔史料35〕は、おそらく中世末期に政治的思考における最も革新的な変化を示すものであった。なぜならそれは、政治がもはやキリスト教道徳の支配下にないことを含意するからである。早くも一三〇〇年にドメニコ会の教師レミージョ・デ・ジロラーミは、国家が最優先の重要事項であるという古代の考え方の含意を既に受容していた。もし彼らの都市が滅亡した後にも、ジロラーミがそれらの人々につきそう語ったように、死しても彼らが「彫像」として顕彰され続けることができるのであれば、彼らは国のためにその命を捧げる覚悟を固めねばならない（すなわち、祖国のために死すべしということなのである）。愛国心は騎士道やキリスト教十字軍の理想に取って代わる、新たな理想を提供するのに役立った。なぜならフィレンツェがその身をもって知ったように、一五世紀後半に東方における貿易を禁止することによって、古い理想は国家の商業利益と直接的に対立するようになったからである。「神に対する最大の善行と神に最も喜ばれることは、人が国のために行う善行である。」とマキャヴェリは、一五二〇年の『フィレンツェ政体改革論』で将来の教皇クレメンス七世、ジュリオ・デ・メディチに念を押した〔史料34参照〕。またグイッチャルディーニは、人は人の魂以上に国を愛すべきであるということに賛意を示した。なぜなら、キリスト教に従っていては、「今日行われているように」国家を統治することは不可能であるからだ〔史料35〕。古典復興がイタリア諸都市の支配階級の間で流行したように、共和主義の理想の大衆化を通じて古典復興は、政治的思考の革新のために重要な役割を果たした。

北ヨーロッパの君主政の構造は、イタリアの自治都市とは非常に異なっているが、それら君主国における民選議会の役割の増大は、アリストテレスの思想やイタリアの共和国の経験が君主国とますます深く関連づけられるようになった一つの理由でもあろう。もう一つの理由は、一六世紀と一七世紀の間に展開した政治的かつ宗教的危機の到来に他ならない。これらの危機は、これら君主国の伝統的な基本原理に挑戦するものであった。なぜなら従来の君主国というものは、権威に関する聖なる理論と神権による支配に依拠するものであったからだ。古代の共和主義という言い回しは、これらの論理に有用な代案を提示した。それは特に公共の関心事、つまり「公共善」としての国家という考えに基づいており、国家の繁栄や政治的「利益」は宗教的なあるいは道徳的な斟酌に優先した。プラトンやアリストテレスの新たな翻訳や印刷版のおかげで、マキャヴェリやグイッチャルディーニのような著作家たちは、ますますその名声を高めた。マキャヴェリは次の世紀まで英語に翻訳されることはなかったが、イギリスにおける彼の評価から、彼がどれだけ人気を博していたかが窺われる。一五〇〇年代のある熱烈な読者は、彼のお気に入りのイタリア人著作家のリストの筆頭にマキャヴェリを据えて、彼を「偉大なるマキャヴェリ」と賞讃している(17: 125)。柔軟な思考を持った政治家たちからなる新たなフランス学派の一員ジャン・ボダンによって書かれた本からわかるように、同じ思想は、フランスでも等しく人気をかちとった。ジャン・ボダン(c. 一五二九–九六)の著作は『国家論』(一五七六)と題された。三〇年後に翻訳された英語版は『公共善についての六書』(The Six Books of Commonwealth)の題のもと刊行され、あっという間に全知識人に必須の読み物となった〔10〕。新たな思想の普及の速度は、英語に翻訳される前でさえ「(十中八九)おそらくボダンの『国家論』かル・ロワのアリストテレスの『政治学』に関する論考のどちらかを繙くことがなければ、学問研究の道に足を踏み入れることはできない」と語られた事実からも分かる〔142, II *p. 300*〕。ルネサンスの共和主義は、様々な関連する理念を収容する大型鞄ではあるが、明らかに空虚な理想でも「修辞的」理想でもなく、むしろ当時の政治において能動的な役割を果たしたのである。

11　芸術と建築に対する愛

ルネサンス期の美術愛好家の最初の一人は、ジョットやシモーネ・マルティーニによる絵画の初期の収集家、ペトラルカであった。ニッコロ・ニッコリは建築愛好家の草分けであり、古代の建築物を調査することに情熱を持っていた。アルベルティも同様であり、彼はフィリッポ・ブルネレスキによるクーポラは、誰も「嫉妬」すらなし得ないほど愛すべきものであると考えていた。何が新しいことであったかというと、それは教養人つまりは「美術鑑定家」の徴としての、彼らの美術や建築における自意識の洗練に他ならなかった。ペトラルカは彼の遺言書中のジョットに関するコメントにおいて、このことを明らかにしている。彼はその所有するジョットの聖母像に言及し、その美しさを「無学の者は理解しないが、美に精通する程の者ならばこの絵の素晴らしさが分かる」と述べた〔158, *p.* 223〕。また彼は、ルネサンスにおけるもう一つの偉業を明らかにしている。それは美術作品の創造だけでなく、それらを正しく評価し後援するのに十分な教養を備えた美術愛好家の出現であった。

この見地から言えば、人文主義者たちによって愛され手本にされた美術は、彼ら自身の文人趣味と熱意を反映していた。このことはマーティン・ケンプが言うように、「規範というよりはむしろ例外に我々の関心を引き寄せる」傾向を有していた〔97, *p.* 52〕。現在我々の関心の焦点は、あまり知られていない芸術製作の中心的存在や工房に向け直されている。ルネサンス絵画の名高い作品に負けず劣らぬ水準を備えた逸品が、こうした無名の工房においても製作されていたのである〔157〕。しかし本章では、それとは異なる主題を追うことにしよう。それはつまりルネサンス期の古物に対する愛と、古典復興プログラムの構成要素としての美術そのものについてである。換言すれば人文主義者の足跡が導く先を明らかにするために、この足跡を追うことにしたいのである。

美術についての鑑識眼という理念は、ニッコリの想像力に富む仲間の中に端を発した。彼らはそれを強い情熱の言葉によって語ったのである。ニッコリは、建築家・彫刻家そして当該都市における活動的な政治家としてこの美術家グループの指導者であったフィリッポ・ブルネレスキを、個人的に知っていた。ゴンブリッジは、ブルネレスキの古代に対する興味を掻き立てたのはニッコリではなかったかと推測している。なぜなら「古代建築を精査し、壁を調査し、滅んだ都市の遺跡や半壊したヴォールトを入念に説き示す……」〔7, *p.* 78〕ニッコリこそが、一四一三年に建築法則を詳細に説明しようとしてブルネレスキがいささか嘲弄気味に模倣した人物であったからだ。ニッコリは彫刻家のドナテッロ（一三八六－一四六六）、ルカ・デッラ・ロッビア（一四〇〇－八二）、そしてロレンツォ・ギベルティ（一三七八－一四五五）にも働きかけており、彼の仲間は一四〇〇年頃にフィレンツェにとって、最も重要な建築群や美術作品の注文を受け負っていた。大聖堂や洗礼堂の維持管理を任されていたギルドの組合員として彼らは、オルサンミケーレ礼拝堂の設立に貢献し、捨子養育院のような新プロジェクトにも着手した。ニッコロや彼の友人たちの趣味や熱意を背景に、一四二〇年以降新たなルネサンス様式が出現したが、それはまさに、彼らが発注したこうした建築物を通じてであった。

最も突出した偉業が、今日までフィレンツェにそびえる大聖堂の大ドームの建設であったことは言うまでもない。一四三四年にレオン・バッティスタ・アルベルティがその父祖の地を初めて目にしたとき、彼を圧倒したのはまさにこの建物であった。「天より高く、その影でトスカーナの全ての人々を覆ってしまうほど広いこの巨大な建築物を目にして、どんな頑迷な人間も嫉妬に毒された人間も、建築家ピッポ（フィリッポ）を称賛せずにいられようか」と、ブルネレスキに捧げられた『絵画論』の序文でアルベルティは声高に述べている〔8, *p*. 33〕。ブルネレスキの偉業とは、それまでには覆われたことのない広大な空間を、アーチ型天井で覆ったことであった。これは、彼自身の創意とローマの円堂パンテオンという古代モデルの影響を受けた結果であった。パンテオンから彼は、石造りの同心円を造るというアイディアを得たのである。彼自身の発明というのは、レンガと石を織り交ぜて輪を作ることであった。頑強な石造リブを構成するための八角形の円筒形壁の上に石を積み上げていったのである。それから彼はこの巨大な構造物の重さを支えるために、内部と同様に外部のドームを造った。彼は建築資材や労働者へのワインを運ぶための機材をも設計した。同時代人が彼の工学技術を称賛したのももっともである。ブルネレスキは死後、彼のおかげで非常に有名となったこの大聖堂の地下聖堂に埋葬され、後には彼を追悼して身廊の壁に胸像と飾り板が設置された。これは、必要とあらば、彼の偉業に対する人文主義者の友人たちの賞賛の公的な証となった。

一四三〇年代から一四四〇年代にかけて、能ある者たちが綺羅星のようにこの大聖堂で活動していた。ギベルティは青銅の墓碑やステンドグラスを制作した。ドナテッロは、現在は大聖堂付属博物館に所蔵されている旧約聖書の預言者たちの像や生き生きとした描写の聖歌隊席を制作した。また、ルカ・デラ・ロッビアはテラコッタのレリーフを作り、アンドレア・カスターニョ(一四一九－五七)とパオロ・ウッチェッロ(一三九七－一四七五)はフィレンツェの著名な傭兵隊長の肖像画を描いた。これら芸術家による全ての作品は、管理運営委員会の賛助会員(オペラーイ)として活動する一般市民によって注文された。マーガレット・ハインスは、新たな芸術についての高い鑑識眼を持つ熱心な大衆が創造されたことの背景には、ギルドのパトロネージに基づく広く意見を求めるという方法があったということを示唆している。このことは透視図法の最初期例である、大聖堂の聖具保管室の「寄木細工の戸棚」のような注文をもたらした〔89〕。またギルドによる他の新事業はブルネレスキの設計になる捨て子養育院、すなわち孤児や私生児たちのための慈善施設であった。それは一四二〇年に富裕なフィレンツェの絹織物組合により委嘱されたものである。極めて実用的(新生児が夜間に匿名で置き去りにされる場に、ベルの付いた石造のたらいまたはバスケットを提供していた)ではあったものの、この慈善施設は美しい柱廊式玄関で飾られていた。この柱廊式玄関は、プロポーションとディテールにおいて最初のルネサンス様式のアーケードであり、流行の発信源となった。他の古典的建築物がこれに続いた。一つは、メディチ家によって次第に支配されていくことになった教区教会、サン・ロレンツォ聖堂の聖具保管室である。いま一つは、フランチェスコ派のサンタ・クローチェ聖堂の中にある、メディチ家のライバルであったパッツィ家によって委嘱された礼拝堂である。この礼拝堂はそのプロポーションとそれに付属した古典的な中庭において、最も完璧なルネサンス建築の一つに他ならない。

しかしながら、ブルネレスキの最も革新的な偉業は建築ではなく絵画に関係している。一四一〇年に若き彫刻家ドナテッロとともにローマ訪問から戻ってきた後、彼はとある実験を始めた。その実験は非常に奇抜であったため、彼の友人たちが皆それにつき噂し合ったほどであった。それはちょうどその反対側にある大聖堂の西門扉内から見た八角形の洗礼堂の絵画で、絵画を囲む枠としてその扉は使われている。絵を描き終わると彼は絵画の裏側に小さな穴を開け、その反対側に鏡を置いた。そして、彼の友人たちに反対側の鏡に映る彼の絵をその穴を通して見させた。このようにして、一つの視点からその場面を彼らに眺望させたのである。プトレマイオスの『地理学』は、ブルネレスキの透視図法という新たな理論に寄与してはいたものの〔64, *p. 104*〕、この透視図法を実際に実演してみせたということが、後に透視図法の主要な実践者となった彼の友人たちの心を捉えたのである。

透視図法の最初の実践者のうちの一人はドナテッロであった。シエナ洗礼堂の洗礼盤に施されたヘロデの饗宴の青銅レリーフ（一四二〇年代中頃ー）、フィレンツェのサン・ロレンツォ聖堂にある後の説教壇、またロンドンのヴィクトリア・アルバート美術館にある大理石の「昇天」において、彼のレリーフは非常に浅いため、彼が創造する空間と奥行きの感覚は驚くべきものがあった。ギベルティは一四二六年から一四五二年の間になされた、金箔貼りの洗礼堂門扉の二度目の制作にあたりドナテッロに追随した。一四二六年と一四五二年の間に製作されたこの門扉と北側門扉との対比は、透視図法の発見の影響力を物語っている。ギベルティは彼のライバルであったブルネレスキを、一四〇二年の北側門扉の製作をかけたコンクールにおいて破ったが（そして彼の回想録『コメンタリ』から、彼がその勝利をいかに誇りに思っていたかが窺える〔史料28〕）、完成する一四二四年までには、それは明らかに時代遅れの作品であると見られるようになっていた。東側門扉の浅浮彫りのパネルに新たな透視図法を適用した結果は、彼の同時代人だけではなく、ミケランジェロ・ブオナローティ（一四七五ー一五六四）やバルトロメオ・アンマナーティ（一五一一ー九二）のような一六世紀の芸術家や彫刻家にも感銘を与え、彼らはギベルティの門扉に敬服しそれらを模倣したのであった。

絵画の分野において同様の写実的な効果を得るために新たな理論を適用したのは、ドナテッロの友人であるマザッチョ（一四〇一ーc. 一四二八）であった。ドメニコ会のサンタ・マリア・ノヴェッラ聖堂にある彼の革新的な絵画「三位一体」は、平らな壁面に古典的な礼拝堂が非常に写実的に表現されており、一四七二年に公開された時には教区民を驚嘆させたに違いない。ある美術史家は「まるで誰かが壁に穴を開け、そこにニッチを作ったかのようである。」と表現した〔107, *p. 1*〕。

我々が注意深く見れば、マザッチョが消失点（あるいは後にアルベルティが呼んだところの「中心点」）を算定するのに使ったグリッドの跡を未だに見ることができる。その消失点は、床面から一・七五メートルで、きっかりと平均的な観者の高さに定められている。

その一、二年後にマザッチョは、彼と彼より年長の画家マゾリーノ（c. 一三八三―一四四七）に発注されたフィレンツェのカルミネ聖堂のフレスコにおいて、これらの技術をさらに発展させた。この作品もまた、絵画中の全ての人物に統一性を与えるために水平線に関する規則を適用することで新境地を開いたのである。この数学的に構成された枠組みの中で、外見的独立性及びルネサンスの肖像画と彫刻を結び付ける量感を付与されたことにより、画中の人物たちははじめて空間内に立つことができるようになった。マザッチョとマゾリーノは一四二〇年代に共同制作を行っていたが（彼らのフレスコは一四八〇年代にフィリッポ・リッピ（一四五七―一五〇四）によって完成されている）、近年の洗浄は両者がブルネレスキとギベルティと同様にいかに異なっていたかを明らかにしている。マザッチョの重厚で彫刻的な人物や重量感のある建築物は、彼をブルネレスキやドナテッロの追随者として特徴づけている一方で、マゾリーノは初期のギベルティのように、未だにより微細で優美な国際ゴシック様式に属している。

新たな理論に影響を受けた別のフィレンツェ人画家は、パオロ・ウッチェッロであった。彼は、「透視図法というものはなんと甘美であることか」と述べたと評されている。サンタ・マリア・ノヴェッラ聖堂の柱廊に一四四五年頃に彼が描いた「大洪水と終息」は、どのようにして透視図法というものが物語の場面に劇的効果を与えるために利用されるに至ったかを示している。とはいえ、「ジョン・ホークウッド」や若きロレンツォ・デ・メディチのために描かれた「サン・ロマーノの戦い」（現在はウフィッツィ美術館、ロンドン・ナショナルギャラリー、ルーブル美術館に分割所蔵）における短縮法で描くという試みは説得力に欠けている。透視図法の影響を受けたまた別の画家は、ボルゴ・サンセポルクロというトスカーナ地方南東部の町出身のピエロ・デッラ・フランチェスカ（一四二〇以前－九二）であった。ボルゴは一四四〇年にフィレンツェによって獲得された後、活気に満ちた文化的生活を保持していた。ピエロの事例は、国家の「外周上の」ボルゴやアレッツォのような従属都市と「中枢となる」支配都市（フィレンツェ）との間に存在してきた動的関係を説明してくれる。この関係はピエロが広範囲のパトロネージを享受することを可能にした。彼の絵画の多くはボルゴやその周辺のパトロンや同信会から注文された（現在ロンドン・ナショナルギャラリーにある「三位一体」を含む）。その一方で彼の透視図法に対する関心を最もよく表している「キリストの鞭打ち」は、ウルビーノの宮殿に飾るためにフェデリーコ・ダ・モンテフェルトロにより注文されたものである。ピエロもまた透視図法に関する本『遠近法論』を書いている。これは同様にボルゴ出身のルカ・パチョーリによる、複式簿記や手紙のような実用的な科目に関連する数学と比例についての一連の著作の執筆を促した。ルカの『算術・幾何・比及び比例全書』は、一四八四年に出版され、これらの考えは職人や工芸家といった新たな階層に急速に広まった。

最後の二人の画家を除き、前述の全ての芸術家――彫刻家ドナテッロ……ネンチョ（ギベルティ）、ルカそしてマザッチョは、レオン・バッティスタ・アルベルティによって一四三六年に彼がブルネレスキに捧げたイタリア語版の『絵画論』において、名指しの賞賛を受けている。しかしながら、一族のフィレンツェ起源ややこの都市への感嘆にも関わらず、アルベルティは亡命者の非嫡出子として生まれ、教皇の書記官になる前にはパドヴァのガスパリーノ・バルツィッツァの人文主義学校とボローニャの法律学校で教育を受けた。フィレンツェにはブルネレスキの大ドームの完成の祝典が挙行される直前に到着した。彼のフィレンツェにおける唯一の建築依頼は（サンティッシマ・アンヌンツィアータ聖堂のロトンダ（円形礼拝堂）は別として）ルッチェライ家によるものであり、彼は革新的な古典風の宮殿、サン・クラツィオ聖堂、そしてサンタ・マリア・ノヴェッラ聖堂の大理石製のファサード上部を設計した。このファサード上部には、ラテン語で Iohannes Oricellarius とルッチェライ家の当主の名が麗々しく刻まれている。それ以外にはアルベルティは主に王侯をパトロンに仕事をし、一四四三年にローマへ戻ってからは教皇の宮廷のために働いた。そこで彼は、ニコラウス五世の修復・再建プログラムに密接に関わったのである。

彼の王侯パトロンにはリミニのシジスモンド・マラテスタが含まれており、アルベルティは彼のために、従来のサン・フランチェスコ聖堂をマラテスタ霊廟へと造り替える際に、リミニにあるローマ時代の凱旋門を大胆にも模倣した（史料29）。またマントヴァのゴンザーガ家のためには、サン・セバスティアーノ聖堂（未完）と古代ローマをモデルとした高い半円アーチと格天井を持つ荘厳なサンタンドレア聖堂を再設計した。彼がラテン語版の『絵画論』の初版を捧げたのは、ルドヴィーコ・ゴンザーガであった。その序文では、ブルネレスキ宛の序文に含まれていたフィレンツェ人たちの偉業への言及は全て省かれている。代わりに、リベラルアーツの一つとして絵画に言及し、武勲の人であると同様に学識の人としてのルドヴィーコ侯爵が、これを読む時間を持つよう期待すると述べている〔8, pp. 32-35〕。『絵画論』はアルベルティの後の論文『建築論』(一四五二)のように、実践経験と透視図法や建築の古典理論の分析を結び付けることにおいて、重大な影響を持つ書物であった〔143〕。また説話図像を描くに際して画家はリベラルアーツを学ぶべきであるという、彼らに対する新たな基準を設けている。例えば、いかにアペレスが「誹謗」を描くためにルキアノスによる対話を用いたかを記述し、ボッティチェリが「誹謗」を描く際のモデルを提供した〔史料17〕。興味深いことに、アルベルティはルキアノス風の対話や寓話をもまた書いており、ここでも同様に――たとえそれが二律背反的なものであったとしても――人生に関する独創的な意見を表明するために古典モデルと個人的な経験を結び付けている〔110, p. 5〕。

おそらくアルベルティは、祖先の故地に帰住することがなかった追放者の息子ペトラルカと、フィレンツェに対する愛憎相半ばする感情を分かち持っていたのだろう。「ルネサンスにおける万能の人」としてアルベルティに最も似ている芸術家はレオナルド・ダ・ヴィンチ(一四五二―一五一九)であり、追放の身ではなかったものの彼もまた非嫡出子であった。彼は名高い画家であるのみならず、工学者かつ科学的ないしは哲学的な主題について論じる物書きでもあった。彼のノートは、秘密保持のため鏡文字で書かれており、現在使われているような多くの発明品を秘め隠していた。従来のフィレンツェの工房の伝統に従いアンドレア・ヴェロッキオ（一四三五－八八）の下で徒弟修業した後、彼は自身の発明品を元手にミラノのスフォルツァ家に工学者及び発明家として仕えた。また、彼は古代以降初めて人体を正確に描く――例えば、いかにして筋肉が機能するのか、いかにして子宮内に胎児が孕まれているのかといったこと――ために解剖を行った画家でもあった。そしてまた古代以降初めて、嵐のような自然現象や動物や動物に似通った人間の行動について詳細な研究を行った画家でもあった。彼はミラノに一七年間留まり衣装デザイナー、水力学の工学者、宮廷画家として数多くの役割を果たし、あの名高い「最後の晩餐」の制作をもなしとげた。まさにこの作品こそが（ヴァザーリの言によれば）、「最小限の働きによって、時に最大限の成果を達成する者」という、天才としての芸術家に関する、彼の名高い評語を産み出した〔27, *p*. 263〕。一四九九年のフランスによるミラノ占領の後、彼はあちこちを放浪する生活を送った。ミラノのフランス宮廷で仕事をする前に、マントヴァ（彼はイザベラ・デステの肖像画を描いたが、その肖像画が「あなたの手による」なにか別のものをという彼女の願望を刺激した〔史料30〕）、ヴェネツィア、フィレンツェ、ローマ、そしてフランスに逗留し、一五一九年にフランスのアンボワーズで死去した。

アルベルティとレオナルド・ダ・ヴィンチはともに、フィレンツェを拠点とした天才たちによって創られたルネサンスという考えを――アルベルティはブルネレスキへの序文により、そしてレオナルドは芸術的な天才という考えを定義することにより――醸成することに寄与した。しかし、彼らは人生の大半をフィレンツェの外で活動し、フィレンツェの伝統が及ぶ範囲外での事業により名声を獲得したという事実を通じ、こうした神話の正当性に疑問符を突き付ける存在でもある。彼らの存在は、広く一般に受け入れられているルネサンスというものが、かかる文学的伝統にどれほど依拠しているものであるかを我々に再認識させてくれる。まさにこの理由のゆえに、フィレンツェを越えて、異なる絵画様式が流行した他の文化的中心地に目を向けることが必要となるのである。例えば、豊饒な国際ゴシック様式に目を向けよう。一五世紀初頭にはこの国際ゴシック様式は、フィレンツェの前衛芸術家によって賞賛されたような著しく知的なルネサンス絵画よりも好まれていた。ジェンティーレ・ダ・ファブリアーノ（c. 一三七〇－一四二七）による「マギの礼拝」からもわかるようにフィレンツェにおいてすら、この様式は広く人気を博していた。この絵画はパッラ・ストロッツィによって一四二三年に、サンタ・トリニタ聖堂の前衛的な礼拝堂のために制作を依頼されたものである。またメディチ家は一四五九年頃にベノッツォ・ゴッツォリ（c. 一四二一－九七）に、同じく国際ゴシック様式に則してメディチ・リカルディ宮礼拝堂に絵を描く注文を行った。

フィレンツェの外で最も高く評価された画家でありメダル作家であったのは間違いなく、ジェンティーレ・ダ・ファブリアーノの弟子アントニオ・ピサネッロ（c. 一三九五－一四五五／六）であった。ファブリアーノとともにピサネッロは、マザッチョとマゾリーノがローマで活動する一年前に、ラテラノ宮において教皇庁のために働いている。彼は、全ての主要なイタリアの宮廷に雇われた。それには例えば、ミラノのヴィスコンティ家やスフォルツァ家、フェッラーラのデステ家、リミニのマラテスタ家、そしてマントヴァのゴンザーガ家が挙げられる。ゴンザーガ家のために彼は、きらきらと輝く銀で塗られた鎧を着たアーサー王風の騎士を描き、その居室を「輝くばかりの創意によって」装飾した。そして最後に彼は、アラゴン家のアルフォンソ王の宮廷に仕えた。アルフォンソが「多くの人々の証言から……多くの傑出した、真に神々しい彼の作品」〔97, *pp.* 53-54〕のことを聞きつけた結果、彼は一四四九年にアルフォンソによってナポリに召し出された。アルフォンソのためにメダルのみならず壮大な凱旋門をもまた設計するためであった〔157, *pp.* 228, 241-2〕。ジェンティーレとピサネッロは、バルトロメオ・ファッチョの著作『一四五六年における著名な人物』に載ったたった二人のイタリア人画家であり（オランダのヤン・ファン・エイクとロヒール・ファン・デル・ウェイデン、彫刻家としてギベルティとドナテッロとともに掲載）、ピサネッロは「専門家の意見によれば」、「馬とその他の動物を描くことにおいて」特に他の者を凌いでいたという〔5, *pp.* 173, 177〕。

また広く評価されていた別の画家はアンドレア・マンテーニャ（一四三一－一五〇六）であった。彼はマントヴァのゴンザーガ家に宮廷画家として仕える前は、パドヴァで活動していた。両都市は、教育の中心地となったところに他ならない。これらの地においてマンテーニャはドナテッロ作のガスパリーノ・バルツィッツァとヴィットーリノ・デ・フェルトレの学校の活動の結果、人文主義（パドヴァのサン・アントニオ聖堂の主祭壇は無論のこと）青銅のガッタメラータ騎馬像の影響を大きく受け、またマントヴァにあるピサネッロの騎馬戦闘図にも触れることができた。マントヴァに着いた直後に彼はガルダ湖へと、著名な人文主義者の碑文収集家であるフェリーチェ・フェリチアーノ（一四三三－c. 一四七九）とともに、古代遺物収集の小旅行へと出かけている。フェリーチェによるこの小旅行についての記述は、彼らの仲間うちにおける、古代趣味への没頭の歓びと真剣さの混じり合った心情を映し出している〔史料16〕。後に彼らが発掘した古代の碑文は、マンテーニャがマントヴァ侯爵のために描いた名高い「カエサルの凱旋」（現在ロンドン、ハンプトン・コート宮殿のオランジュリー所蔵）の軍旗や戦勝記念物に記された、正調なるローマン体の複製を可能にした。これは古代に関する正確な知識を取り戻す途上における、また別の重要な一歩であった。なぜなら、ローマのコンスタンティヌスの凱旋門のような古代の碑や記念碑が精査されたのは、まさにこの時であったからだ。こうした細部の探究がマンテーニャの絵画をして、最初の正確なローマ人の勝利の描写たらしめたのである。古代の主題と古代の表現形式を再統合することに関するマンテーニャのような画家の成功は、古代以来初めての事件であった。それはパノフスキーが「ルネサンス」について特徴的であると考える点であり、彼がこのルネサンスを西洋美術における他のリヴァイバルや「ルネサンス」と区別する所以でもある〔121〕。

マンテーニャは三代目侯爵のフェデリコ・ゴンザーガの理解ある庇護を受けたという点で、幸運であった。フェデリコは、マンテーニャのような「広く認められた名人」は自分自身のアイディアを持っており、そしてあまりに多くの指示を与えられるべきではないのだから、人はむしろ彼らから得られるものを利用するべきであると述べている〔5, *p. 132*〕。「カエサルの凱旋」はフェデリコの許を訪れる客人全てに驚嘆された。このことによりフェデリコは、彼の御用画家に至極満足を覚えていた。マンテーニャによるローマ帝国の勝利の力強い描写は、襲爵したばかりの傭兵隊長にして明敏なパトロンたる彼の名声を充分高めたに違いない。

マンテーニャの影響は続いてヴェネツィアでも、彼の義理の兄弟ジョヴァンニ・ベッリーニ(d. 一五一六)とジェンティーレ・ベッリーニ(d. 一五〇七)の絵画において看取される。そのことは我々が、ロンドン・ナショナルギャラリーにあるマンテーニャとジョヴァンニ・ベッリーニの「ゲッセマネの園」を比べてみれば明らかであろう。だが他の点に関して言えば、ベッリーニやジョルジョーネ(一四七六/八-一五一〇)のようなヴェネツィア派画家は、他の場所における発展から極めて独立した存在である。彼らは色彩や強烈な光の使い方により高い効果を挙げている。古典風の絵画と色彩と光を効果的に用いる絵画という二つの画法の伝統は、ヴェネツィア派画家ティツィアーノ(一四八七/九〇-一五七六)において一体となった。彼はルネサンスの最も偉大な芸術家の一人であり、その色遣いゆえに印象派の先駆者とも呼ばれている。ティツィアーノは力強く写実的な肖像画を描いただけでなく、非常に想像力に富み説得力のある解釈で古典神話を描き出している。例えばクロメリッツ国立美術館にある悲痛な「マルシュアスの皮剝ぎ」や、マドリードのプラド美術館にある「ダナエ(ダナエと黄金の雨に姿を変えたユピテル)」がその例として挙げられよう。

一五世紀後半までにローマは、芸術後援の主要な中心地の一つにのし上がった。フィレンツェその他の地域出身の一流画家が一四八〇年代に、シクストゥス四世の礼拝堂で腕をふるうためローマに送り出された。その一流画家とはドメニコ・ギルランダイオ(一四四九-九四)、コジモ・ロッセッリ(一四三九-一五〇七)、サンドロ・ボッティチェリ(一四四五-一五一〇)はもちろん、コルトーナ出身のルカ・シニョレッリ（d.一五二三）とウンブリア出身のピエトロ・ペルジーノ（一四五〇以前－一五二三）らである。ミラノ公に対し一四九〇年頃に「システィーナ礼拝堂においてその力量を証明した」として推薦された三人の内、フィレンツェ出身ではないペルジーノだけが「傑出している」と記述された。残りの二人はギルランダイオとボッティチェリであった。ボッティチェリはフィレンツェのメディチ家とその周辺のために描いた「春」や「ヴィーナスの誕生」、「ヴィーナスとマルス」といった神話を主題とする絵画でよく知られている〔史料31〕。ミラノ公に推薦された四番目の画家はフィリッピーノ・リッピで、システィーナ礼拝堂の仕事には就いていなかったが、他の者と同様にロレンツォ・デ・メディチの下で仕事をし、彼の影響力を通してローマにあるカラファ礼拝堂を装飾するために雇われていた。一四八八年から一四九三年にかけ彼がローマに滞在し、古代のレリーフやグロテスク模様に触れたことは、後に彼の絵画を特徴的なものとした。しかし彼を一五〇四年に死去するまで、イタリアで最も評判高く引く手あまたなる画家の一人たらしめたのはその幅広い様式と、主題に応じてそれら様式を使い分ける彼の能力にあった〔117, *p. 13*〕。

教皇のパトロネージに引き寄せられ、続く世代の芸術家が最高の作品を生み出した場所もまたローマであった。ペルジーノの弟子ラファエロ（一四八三－一五二〇）は、一五〇九年から一五一四年の間に描いたヴァチカン宮殿の部屋の壁画によって急速に名声を獲得する。それは「アテネの学堂」、「聖体論議」、「パルナッソス山」として知られる、古典芸術と哲学をキリスト教神学と合体させた名高い三作品、そしてヘリオドロスの間の絵画である。同時期に、ミケランジェロはユリウス二世の墓のための未完の彫刻と、一五〇八年に開始し一五一二年に完成させたシスティーナ礼拝堂にある彼の圧巻のフレスコ画「天地創造」を制作中であった。一五二〇年代にフィレンツェのメディチ家で図書館と聖具保管室設計の仕事をした後、彼は反宗教改革の教皇パオロ三世のために「最後の審判」（一五三六－四一）とパオリーナ礼拝堂のフレスコ（一五四二－五〇）、そして彼自身の墓のために情感あふれるピエタ（現在フィレンツェ大聖堂所蔵）を制作するために、〈ローマ略奪〉後変貌を遂げたローマへと立ち戻っている。ミケランジェロをもって、ルネサンスは新たな段階へと入ったと一般的には認められている。

本章の二つの織り交ざったテーマは、ルネサンスにおける芸術的な偉業とトスカーナ地方において復活の伝統を創り出した者たちの熱意であった。ヴァザーリ以前にフィレンツェを主軸とした芸術復興の構想を促進したのは、アルベルティであった。しかし前述のようにそれはルネサンスの物語の一面でしかない。なぜならルネサンス絵画における重要な中心地や様式が、他にも数多くあったからである。彼の自叙伝から明らかなように芸術家そして建築家としてアルベルティは、著述家ペトラルカと同じくらい過去の再構成、つまり過去を「再編集する」ことの重要性を意識していた。自己構築や人間の性質の「可塑性」という考えは、本質的にはルネサンスにおける根本的なテーマであって、ルネサンスが定義せんとする熱情の中でも探求されるべき究極のものに他ならない。

12　自己愛とルネサンスにおける人間のイメージ

「人間とは何という造化の傑作か、高貴な理性、無限の能力、……天使さながらの活動、神のごとき悟性」〔野島秀勝訳『ハムレット』岩波文庫〕――この『ハムレット』〔II, ii〕におけるシェイクスピアの人間像は小宇宙、あるいは小世界として理想化されたルネサンスの人間像を要約している。これはレオナルド・ダ・ヴィンチによって、より大きな世界の輪の内に収まる完全なる輪として描き出されたものであった。またミケランジェロはルネサンスの人間像を、芸術家がその物質の内に潜在する神性を解き放つ素材そのものとして描き出している〔史料20〕。またピコ・デッラ・ミランドーラは、宇宙の中心に位置する人間についての名高い『演説』の中で、天使の地位まで上り詰めるも動物の如き獣性のどん底まで沈むも、人間には自身の命運を選択する自由があるのだと述べている〔史料19〕。ルネサンス・イタリアにおいて人間が個人となったとのこの考えは、人間の自立性や自由のイメージと一致するものである。ルネサンス・イタリアにおいて人間には、「ヨーロッパの他の場所では進行を遅らせていた無数の足かせがなかった」のであった〔44, *p. 171*〕。

「人文主義」とは人間やその重要性に関する、この新たなルネサンス思想を描写するのにしばしば使用される言葉である。しかしながら人文主義とは首尾一貫した信念の体系ではなく、一五世紀には言葉として存在さえしていなかった。人文主義者（humanista）という言葉はルネサンス後期に、リベラルアーツの学生を市民法の学生（legista）や教会法の学生（canonista）と区別するために用いられる学生の隠語として登場した。このことが八章で述べたように、主として新たなリベラルアーツ教育プログラムとしてルネサンス人文主義を描写することを、P・O・クリステラーに促したのであった〔103; 116, *pp. 8-51*〕。「ルネサンス」という言葉と同じく「人文主義」という言葉は、一八世紀後半から一九世紀初期まで未だ案出されてはいなかった。この言葉はその後ようやく、その手の活動を総合的に表現するために用いられるようになったのである。とはいえ当時その言葉が存在していなかったことを忘れない限り、目下議論中の著述家、芸術家や政治家によって共有された価値観を記述するのに、この人文主義という言葉が有用であることには変わりない〔102〕。

人文主義という言葉は使い勝手が良い。なぜならそれは、人間の価値というものが教会によって強調された超自然的価値よりも、これらの人々にとってはより重要であるとみなされたことを示唆するからである。彼らの姿勢はギリシャ人哲学者で教師のプロタゴラス（紀元前五世紀）の、「人間は万物の尺度である」という格言に集約される。「神が存在するか否か」という不確実性と相まってこのことは、善悪の普遍的な基準が失われた際に倫理性は、人間に由来する相対的な倫理に基づくべきであるということを意味する。プロタゴラスやその他のギリシャ人にとって、道徳的な生活を送ることとは、世界との均衡や調和を保った状態で生きることも意味していた。これは、原罪や人は神の恩寵なしに有徳の生活を送ることが不可能であるという、キリスト教の信条とは対照的な、別個の相対主義者的理念なのである。これらの思想がルネサンスのイタリアに登場した時、それらは芸術や建築の分野（アペレスとプロタゴラスの例のようにアルベルティは、人間基準の比例や価値尺度を賛美している）においてだけでなく、教育、音楽、そして宗教の分野においても幅を利かせたのであった。しかしそれらは、真に見解や価値観の変化をもたらしたと言えるのだろうか？　それらは人々が抱く人間の性質や人間像の受け取り方を変えた、新たな相対主義をもたらしたと言えるのだろうか？

従来のルネサンスに関するその他の特徴のように、個人主義や世界の中心点といった人間のイメージは徐々に衰退して行った。現在我々は個人主義の概念としての「自己」は一三世紀以降、既に充分に知られていたと教えられる。これは内省的自己分析を促す年一回の告解の導入により、もたらされたものであった。さらには、ピコによる世界の中心に人間を据えるイメージは――これもまた現在我々が教えられているように――聖アウグスティヌスによって既に言明されていた。彼によると、人間はその精神を通してその頭上にある天上界と、その肉体を通してその下にある四大元素との繋がりを形成しているという。聖アウグスティヌスのようなキリスト教徒は世界に関する古代末期の思想を数多く受け継いでいたので、ルネサンスにおいてそれらを再び消化することが可能であった。なぜならフランセス・イエイツが、いかにコジモ・デ・メディチが死ぬまでにエジプト人魔術師ヘルメス・トリスメギストスの手とされる文書の翻訳写本を欲したかを描き出すことで明白にしたように、古代の哲学者は同じ宗教的真理の理解をキリスト教と共有していると考えられていたからだ。「異様な状況である。プラトンの全集はある。それらは翻訳を待っていた。だがフィチーノが大急ぎでヘルメスを翻訳している間、その翻訳は待ちぼうけを喰わされていたのだ」〔163, *p. 13*〕。

つまり、ルネサンス時代に異教信仰への回帰はなかった。キリスト教信仰は精神や感情面でも、社会的な面でも人々の生活にとって基盤であり続けたのである。なぜなら「古来の宗教的慣習は血肉となっているからだ。男にも女にも骨までしみ込んでいる……生まれてから死に至るまで」。これが新しく出版された論集「キリスト教とルネサンス」において、これら二つの用語「キリスト教」と「ルネサンス」が矛盾するものではなく、ルネサンス時代の才能あふれる人材の激増に等しく貢献したという点で、「同係数」とみなされるべきであると述べられる理由である。それは「刺激の均衡であって、継続と変化の間の緊張関係において不安定でありながらも同時に動的」であったのだ〔153, *pp. 2-4*〕。緊張関係というのはルネサンス時代の人間像の新規性を理解する上で、有用な概念であるかもしれない。なぜならそれは必然的に既存の信仰に矛盾すると示唆することなく、新たな思想によって生じたダイナミズムを説明するからである。ただ人文主義者たちが新境地を切り開いていたまさにその切所を見抜くことは、必ずしも容易な仕事ではない。我々は何が彼らの新たな行動規範であり、なぜそれらが賞賛されたのかを理解するために、彼らの足跡をもう一度辿る必要がある。

古代の英雄である二人ヘラクレスとオルフェウスは、我々の道案内として特に有用となろう。ヘラクレスは古代の神話や伝説の中でも屈強で勇敢な英雄であり、人間ではあったが怪物を倒す七つの功業の結果、神々によって不滅とされた。彼に関するまた別の物語は、まだ若者であった時に正しく自律的な選択をしたその能力により、ルネサンス時代にも彼が賞賛されていたことを示している。それが「ヘラクレスの選択」または、いささかジャーナリスト的言い回しで言えば「分かれ道のヘラクレス」という物語である。この物語は、当初紀元前五世紀にソクラテスと同時代人であったプロディクスというギリシャ人によって伝えられ、後にペトラルカによってよみがえることになり、一五世紀には幾度も繰り返し語られるに至っていた。若きヘラクレスは――伝えられているところによれば――突然分かれ道に出くわした。一方はなだらかで緑豊かな道で、その先の下り坂では美しい女性が手招きをしており、もう一方は（恐らく想像の通り）でこぼこで石だらけの道で、急勾配の坂道の先には厳しい顔つきの暖かみのない既婚婦人がいた。自身の判断により（これもまた想像の通りで、でなければこの話は教師たちの間でこれほど人気にはならなかったであろう）彼は、険しく石だらけの上り坂を選んだ。「困難を通じて天へ」（per ardua ad astra）という格言はまさにこの故事に由来する。なぜならヘラクレスは、正により困難な決断をすることを通じて星座に挙げられたからである。

ピコの『演説』とは異なりこの物語は人間の性質、つまり“man”（この性別を指す言葉は、古代とキリスト教の両方の慣習で一般的に人間という種を表していたことから、筆者もこれに倣うものとする）

に関して古代とキリスト教の観点における重要な差異を明らかにしている。キリスト教徒は、神のイメージで造られたとはいえ、人間は禁じられた知恵の木の実を食べたアダムの罪により堕落したと考えていた。これ以降人間は洗礼において神の慈悲を通して与えられた、新たな性質へと再び生まれ変わることによってのみ救われることになる。だからこそ、ヘラクレスのように自発的な道徳的決定をすることができないので、キリスト教徒の子どもは――洗礼の後でさえ――悪魔の手から逃れるためのあらゆる助けを必要とした。このことは一五世紀の『救済の聖母』（救いの手を差し伸べる聖母、フィレンツェ、サン・スピリト聖堂所蔵）の絵画が、聖母の包み込むような外套によって悪魔から救い出される子どもを表現していることからも明らかであろう。

しかしながら古代ギリシャ人やローマ人は原罪の存在を信じてはおらず、生来の子どもの性質とは蠟のようなもので、分別がつく年に達するまでは良い経験からも悪い経験からも影響を受けられると考えていた。プラトンが『国家』の中で述べたように、これこそ教育が極めて重要である理由であり、子どもが青年期に理性を発達させるまで、いかなる有害な影響にもさらされるべきではないとする所以である。この見解は、ヴィットーリノ・ダ・フェルトレやレオン・バッティスタ・アルベルティのようなルネサンスの教師や著述家にも共有されていた。したがってプルタルコスやクインティリアヌスのような教育者はもちろんのこと、プロディクスやプラトンの見解の妥当性もまた、ルネサンスの教師や著述家たちの間では共有されていた。この時代のヘラクレスの人気というものは、我々がルネサンス時代の人間像における一つの変化を理解することを可能にする。本来聖人や支配者の姿が刻まれるべきフィレンツェの第一の公印に、ヘラクレスの像が描かれていることは実に意外なことに違いない。さらにはフィレンツェのジョットの鐘楼、そして大聖堂の扉の一つに彫刻されたヘラクレスがあるということもまた驚異的なことである。彼はそこではキリスト教の美徳の象徴としてではなく、古代市民の美徳（virtù）つまりは剛勇の象徴として表されている。つまり、ここでの美徳（virtù）とは、恐れ知らず、勇敢、自己決定力のことなのである。

もう一人の古代ギリシャの英雄オルフェウスがルネサンス期に博した人気もまた、この時期に人間の性質に関する見方が徐々に変化しつつあったことを示す指標となる。ヘラクレスの神話のようにオルフェウスの神話もまた、様々な仕方で解釈され得る。このことはコクトーの『オルフェ』と『黒いオルフェ』のような映画において、現代でも見受けられることである。オルフェウスの神話は、彼の妻（蛇にかまれて死んだ）を解き放つために音楽によって冥界の神を魅了したにもかかわらず、地上界にたどり着く前に彼女を振り返って見てはならないという神の厳格な命に背くことで、オルフェウスがどのようにして彼女の二度目の死を引き起こしてしまったのかを伝えている。キリスト教徒はこの神話を聖書になぞらえて、ロトとソドム（「手をすきにかけてから、うしろを見る者は、神の国にふさわしくないものである」ルカによる福音書、九章六二節）のように後ろを振り返ることの危険性に関する寓話と解釈した。またキリストの冥府降下の予型とも解釈している。対照的にルネサンスの人文主義者にとってこの神話は、愛と音楽の力を示すものであった。その教訓――最初に「死ぬこと」なくして愛や人生において完璧の域に達することが不可能であること――はキリスト教やプラトンの教え（コリント人への第一の手紙、一五章三五－六節において、まず死ぬことなくして生きることもないであろうと聖パウロが述べているように）と全く矛盾するものではないが、この神話が持ち上げられてきた文脈はむしろ、神話のより通俗的な側面がルネサンス時代には重要視されたことを示唆している。

たとえばポリツィアーノの『オルフェオ』のような宮廷演劇や祝祭演劇では、オルフェウスは怒り狂ったマイナス（ディオニュソス神の信女）たちによって八つ裂きにされている（オウィディウスによれば、オルフェウスはエウリディーチェの死後、三年間女性を避けて代わりに少年を愛したため、マイナスたちの怒りを買ったという。『変身物語』、一〇章八三－五節）〔49〕。ところで愛と音楽の力に関するこのギリシャ神話を再び完全に蘇らせたのは、全く新たな音楽形式すなわちオペラにおける二つの最初期例であった。一つはヤコポ・ペーリによる『エウリディーチェ』で、一六〇〇年にフィレンツェで作曲された。そしてもう一つは、ゴンザーガ家の宮廷音楽家クラウディオ・モンテヴェルディ（一五六七－一六四三）による『オルフェオ』で、一六〇七年にマントヴァで作曲されている。古典主題と古典様式を再統合することによって古典古代を復活させた絵画のように、これらのオペラは自分の力を引き出すために教訓的な寓話を通じてではなく、古代の神話を我々の心と魂を通じ作用する音楽と一体化することによって、古代を復活させたのである。

この点でかかる神話は宇宙の調和から成る我々の魂への影響に関する、古代思想のルネサンス期における復活を描き出すのに役立つものである。小宇宙としての人間は、大宇宙と同様の音楽的調和の影響を受けるものと考えられた。加えてこうした大宇宙の天球層は、地球の周りを回ってオクターブの八音の音楽を再生するという（一：三：五：八の比は調和がとれており、一：二：九の比は不協和である）。だから宇宙と同じように調和がとれた状態であれば、人は「つり合いが取れ」健全でいられる。この調和とは音楽と同様に、これらの比率に従って建てられた建築物によっても作り出され得る。調和のとれた比率は安定した性質を創り出し、不均衡な比率はその性質を不安定にさせるからである。これがレオン・バッティスタ・アルベルティが、最も完全なる聖堂は円形であると考えたゆえんである〔160, *pp. 27-9*〕。なぜなら、それらは最も完全な幾何学的図形である円を模しているからである。だからこそブルネレスキの新たな円蓋が一四三六年に完成した時、その奉献のためにギヨーム・デュファイ（c. 一四〇〇－七四）によって作曲された音楽は、その調和を強化するために建築物それ自体の比率と一致していたのだ。また同じ理由からフィレンツェ長官のカルロ・マルスッピーニは、一四四六年にフィレンツェの音楽家の一人を賞賛する手紙において以下のように記述している。「プラトンは……厳格な指示を定めた……演奏されるべき音楽の種類について。なぜなら彼は音楽を変えたなら、都市の精神をも変えることになると信じていたからである」〔史料18〕。

シェイクスピアは『ヴェニスの商人』で周知のとおり、全く同様の思想の影響を受けていた。そこではロレンツォがジェシカに音楽の力について説いている。「どんな鈍感な、がんこな、怒り狂ったものも、音楽を聞いている間は、たとえいっときでも性質を変えない者はない（ヴェニスの商人 第一巻　著者：シェイクスピア／大山敏子訳）」。我々にはこの世で天体の音楽を聞くことはできないが、それにもかかわらず我々はそれに心を動かされる。オルフェウスが彼の歌によって動物たちだけでなく、木々や石をも動かしたのと同じように。(「あそこに見える星はどんな小さいのでも、大空を回りながら、天使のように歌をうたっているのだ。あどけない目をしたケルビムたちに声を合わせてうたっている。不滅の魂の中には、このような音楽のしらべがかなでられている。ただこの老いくちてゆく土くれの肉体の衣におおわれている間は、われわれにはそれが聞こえないのだ」)。換言すれば我々は不安定になったり、音楽の高潔な調和に無感覚であるような不調和な性格になったりしない限り、音楽に心を揺り動かされるのである。なぜなら「心の中に音楽を持たない人間、美しい音楽の調和に感動しない人間は、謀叛や、策謀や、略奪をやりかねないものだ。……そんな人間を信用してはいけない。あ、音楽だ」。

だからオルフェウスは、ルネサンス時代の人間の性質を理解するこの新たな方法を解釈する、別の鍵を提供しているといえる。シェイクスピアの彼への言及は、感情や人間の動物的な性質が今やより肯定的に捉えられ始めていたことをよく示している。なぜなら動物が音楽によって心を動かされるなら、彼らも有徳の生物である可能性を有しているからである。対照的に聖アウグスティヌスは、人間は「神の似姿」で創られたのだから、「愚かな獣」のように振舞うのは人にとって恥ずべきことであると考えた。たとえ人が獣欲に屈するとすれば、その人はそうすることで人間としての地位を失ったということである。一方で古代の著述家たちはケンタウロス（半人半獣）、アポロンとマルシュアス、パンの神話が示すように、人間と獣をそれほど明らかに区別していなかった。古代と同様に中世を通じて動物寓話集は人気を博していたが、イソップの『物語』のような本では動物はたいてい人間を象徴しており、人間の行動における道徳的な教訓を教えるために用いられている。しかし一五世紀までに寓話集はだんだんと、如何に動物たちが人間よりも優れているかということを指摘するのに用いられるようになる。このことは、バルトロメオ・スカラの短く痛烈な寓話集『人間』〔史料22〕や、アプレイウスの『変身物語』（b. 紀元前一二三）を原型としたニコロ・マキャヴェリの詩『黄金の驢馬』からも見てとれる。スカラと同様にマキャヴェリは、一般的な順位を逆転させ、人間と比較して動物の勇敢さや思いやりを賞賛している。ホメロスの『オデュッセイア』においてキルケーが豚に変えたオデュッセウスの仲間たちのように、アプレイウスでは魔術師は驢馬に変えられることによって格下げされる。一方でマキャヴェリの詩の中では、キルケーによって動物に変えられた人間は、人間であった時よりも勇敢で、穏やかで、自然と調和している。同様にマキャヴェリは彼のより名高い著作『君主論』（一八章）〔22, *p. 99*〕の中で、ケンタウロスの神話を引用している。それは動物的特徴――特に狐の狡猾さや獅子の強靭さといったものを人間のそれと併用することの重要性を強調するためであった。マキャヴェリやホッブズのような著述家――フロイト以前には――が肉体的制御と同様に精神的制御の一形態として、恐れを利用することができると認識したことで、神への恐れもまた人間の性質における重要な要素と再評価されるようになった。

動物の狡猾さと強靭さはヘラクレスが持つ性質でもあった。このことはそれらの性質が、彼に対するルネサンスの人々からの賞賛に寄与した可能性を示唆するものである。これらの寓話や物語から明らかとなるように、変身つまり異なる形に変化する力というものは、ルネサンス時代に賞賛されたもう一つの特質であった。それらは単なる寓話にすぎないが、ギリシャ神話の影響を大きく受けている。変身やアイデンティティの喪失は、フィレンツェのような都市の社会的現実を反映していたかもしれないということを示唆する話が一つある。この話はおそらくブルネレスキの伝記作家アントニオ・マネッティによって形を変えて語られたもので、創意あふれるブルネレスキがグラッソつまり「太っちょ」とのあだ名をつけられた、やや頭の足りない大工の親方にした悪ふざけに関するものである〔史料21〕。グラッソは友人宅での日曜の夕食会に欠席したため、彼は別人に変わってしまったといって懲らしめられた。彼が変わってしまったという作り話は、一連の友人たちの協力によって恐ろしい現実となった。グラッソは刑務所に入れられ、最終的にはフィレンツェからハンガリーへと逃れたのである。そこで彼は技師長として、王の傭兵隊長であるピッポ・スパーノの恩顧を獲得する。つまりこの話は作り話ではないハッピーエンドである。なかんずくブルネレスキは何年も後に彼を雇い、他所で名声と富を得させるためにグラッソをフィレンツェから追い出したことを自分の功績であると主張したからだ。

ここで議論してきた神話にこの話は明らかに影響を受けている。なぜならグラッソが博学者である仲間の囚人——彼は借金で収監された裁判官であった——に、これまでアイデンティティを変えた人間といったようなことを聞いたことがあるかどうか尋ねたとき、それは珍しいことではなく、ある者はもっとひどい経験をしているとの答えをうけとったからである。例えばアプレイウスは驢馬に、アクタイオンは鹿に、オデュッセウスの仲間は動物に変えられた。とはいえこの話は文学上の絵空事として退けられるべきではない。なぜならこの話が描くアイデンティティの喪失とは、フィレンツェの多くの新たな人間たちによって、実際に経験されたものであるに違いないからである。というのも彼らが味わったエリートの手による社会的な嘲笑は、人の変幻自在な性質や創造性の暗黒面であったからだ。

にもかかわらずギリシャ神話の復活は、最後には価値観の変容を促す力点の移動に寄与したのである。ヘラクレス、オルフェウス、ケイロンといった古典の人物たちは、人間の性質の新たな理解のためのイメージを提供した。その性質はもはや原罪によって損なわれることなく、理性と本能の柔軟な混合体として解される。一六世紀までに怒り、怠惰、好奇心、怠慢、そして感情それ自体のような中世に堕落行為とされたものは、天才でない者にとっても、創造性や洗練さといった特質へと変容したのである。さらに特筆すべきは、「美徳」（virtù）がその道徳的内容を欠落させ、マキャヴェリ的な「手練手管」へと姿を変えたことである。この特性はキリスト教の英雄に求められた道徳的な徳というよりも、ヘラクレスにおけるarete（アレテ）すなわち「手腕」にずっと近い。そして柔軟性は、運命に打ち勝つために求められる特性となった。この運命をマキャヴェリは、世界における偶然や予測不可能性における真の要素であると認定し、もはや不可視の神意の一側面などではないとした。マキャヴェリはキリスト教の謙遜よりも勇敢さや勇壮さといったローマ人の美徳を好み〔史料34〕、ケイロンや運命の「女神」に打ち勝つことができる大胆な男を賞賛した〔『君主論』18、

22章〕〔22, *pp. 99, 133*〕。というのも彼は、彼の時代の価値観や見解を批判するために、古代の価値観や見解を採用したからである。

マキャヴェリが柔軟性や動物的剛勇が賞賛されるべきなのはなぜかを説明したとすれば、シェイクスピアもまたイアーゴーのような登場人物において同じことを示唆している。同時にシェイクスピアは、「それでも(この塵の精髄たる)人間は私を喜ばせはしない」〔II, 2〕というコメントによってハムレットに人間の神性に対する彼の考えを間接的に攻撃させている。ルネサンスの自己構築の暗黒面、つまりステファン・グリーンブラットがそう呼ぶところの自己成形の裏返しは、自己破壊、曖昧さ、そして偽装することである。これらはこの時代に、ルネサンスの柔軟性や可塑性の他の一面として出現してきた現象に他ならない(16章で後述)。おそらくプロテウスのように道徳的な柔軟性や人間の性質を変える自由こそが、ルネサンス時代独自の情熱だったのである。不変の道徳的価値観を表す中世の寓話や模範的な生活とは異なり、ルネサンスの自己構築生活の意味は絶えず変化する。人文主義者たちは、彼らの模範として古典古代を採用した点において、模倣者のように見えるかもしれない。しかしそうすることで彼らは新たな言語、すなわちシャルティエが「表現のシステム」と呼ぶものを創り出したのである。それは単に古代を複製しているわけではない。この新たな言語はその始点としての都市や宮廷といった環境から、絶えずより広大な知識人界へと拡散していく。これは、印刷技術の発明と新たなルネサンスの劇場のおかげで、はるかに幅広い大衆にまで届いたのである。これがどのようにして起こったのかが、第四部の主題となる。

第4部　社会と新たな理念の流通

13　商業と古典

どのようにして理念が拡散するのかは、常に明らかであるとは限らない。従来著者の考えを受動的な一般読者へと伝える手段として、理念は主に本によって広まったのだと考えられてきた。このことこそが、古典籍の再発見がルネサンス時代に関する従来の記述においてこれほど重要な役割を果たしてきた理由である。現在ではこの過程は双方向的、というよりも循環的であったと論じられている。読んだものに対して彼ら自身の解釈を施すことで、読者は新たな理念の拡散と同様に新たな理念の創造にも能動的に寄与していたからである。バルダッサーレ・カスティリオーネの『廷臣論』がヨーロッパでいかに受け止められたかに関するピーター・バークの記述によると、こうした「受要理論」は二つの点で、ルネサンス時代における知識の拡散に関するこれまでの説を突き崩すものだという。一つは、一つまた一つと受動的にその「魅力に屈した」その他のヨーロッパ諸国によって消費されるルネサンス文化を、イタリア人だけが能動的に創り出したという考えを突き崩すのである。そしてもう一つは、伝えられたものと受け取られたものには差異がないとみなす、従来の「伝統」の概念を突き崩す点においてに他ならない〔46, *pp. 2-5*〕。これらの理由からこの双方向プロセスを表すには、「拡散」よりも「流通」が相応しい言葉であると考えられる。なぜならそれはルネサンス文化の、生産者と消費者間のより対等な関係を示唆するからである。

「生産者」や「消費者」といった言葉のように流通は商業世界に属し、ルネサンスを再解釈する上で別の新たなアプローチを提供してくれるものだ。「流通」という用語は一九九三年にリチャード・ゴールドスウェイトによって、ルネサンス時代に発展した消費性向における、彼が呼ぶところの「変化の内的原動力」を説明するために採用された〔76〕。リサ・ジャルディンもまたその三年後に、社会変化の条件として「豊富な物品」の存在の必要を説くその著書において、同じ「流通」という言葉を用いている〔93, 第1章〕。その翌年にはアンソニー・グラフトンが彼の著書『古典を用いた商業』において、誰かとの（同様に神との）意味深長なコミュニケーションつまり取引において商業もまた、知的側面を持つことを我々に想起させた。そしてそれは、ヴァッラによって両方の意味（コミュニケーションと商品の交換として）で、ある一人の心から別の心へと商品が移動することに基づく商業の一形態として、翻訳活動を説明するために用いられた〔81, *p. 15*〕。それと同時にドラ・ソーントンも著書『学者とその研究』で、物質文化と知的文化を明確に区別することは困難である、なぜならその研究は商業活動の場と「内省と隔絶の空間」の両方を含むものであったからだと論じた。それはアンティークの青銅製品、中国の青磁、非常に貴重なマジョリカ焼きと競合する青銅のインク入れのようなものである〔149, *pp. 12-13*〕。ポーラ・フィンドルンの初期近代イタリアににおける博物館と科学文化に関する記述もまた、同様の論を展開している〔69〕。これは彼女とケネス・ガウウェンズが『アメリカ歴史学誌』（“*American Historical Review*”）の一九九八年号〔*pp. 51-124*〕で論じたように、古典文化の物質的かつ知的（知識に基づいた）な複合的追体験としてルネサンス時代を定義づけている。

これら全ての歴史家が取り組む重要な問題は、理念とその理念をめぐる物的状況の連関に他ならない。パトロネージの言語だけを用いるよりも商業や取引の言語を併用することによって我々は、いっそう巧みにこうした関係を表現できるだろう。パトロネージの言語には、（流行の観点からすれば）開かれた循環的な商品の分配よりもむしろ、パトロンによる芸術品の委嘱の一方的かつ上意下達過程を表象してしまうというデメリットがあるからだ。あるいは「芸術家はパトロンによって指定されたメッセージを……はっきりと述べている」と一般的に考えられている〔73, *p.* 392〕。商取引の言語とパトロネージの言語というこれら二つの言語は、相互に文化の対照的視点を反映している。一方が反映するのは委嘱される芸術作品の「上位文化」であり、ルネサンス文化が従来意味してきたものである。他方が反映しているのは現在ルネサンス文化の特徴を表すものと考えられている（豪華ではあるが）日用的な品々の豊かさに由来する「物質文化」である。

フィレンツェやヴェネツィアのような銀行業や通商の中心地において、パトロネージと商業との関連は、たとえこれまで控えめに述べられてきていたとは言え疑う余地がない。グレゴリオ・ダーティが述べたように、商人気質は「見ることと得ること」の貪欲な本能を掻き立て、「その結果、商人ではなく、世界を探検したことがなく……故国に富とともに戻ったことがない者は誰であれ役立たずだとみなされた」〔史料7〕。そしてまたジョヴァンニ・ルッチェライが、「稼ぐよりも使うことの方がずっと愉快である」〔史料23〕という言葉で自認したように、商人気質は消費することへの喜びをも強めたのである。より現実的な話をすれば銀行は、海外やイタリアで購入された書籍や芸術品のための資金――そしてまた輸送の手段をも――を提供した〔史料32〕。（現在ピサにある）サルヴィアーティ銀行の会計帳簿が、ミケランジェロやジャンボローニャ（一五二九―一六〇八）のような芸術家や彫刻家への支払いの豊かな証拠資料である。一方ストロッツィ銀行やリドルフィ銀行はヴェネツィアで、印刷事業に投資を行っていた。銀行は負債の担保として銀行に預けられた宝石や宝飾品の、貴重品保管所としても機能した。例えばイノケンティウス八世の死に際して、メディチ家や他の銀行家から貸し付けられた莫大な負債の担保として、教皇冠はメディチ銀行に預けられた。またフランチェスコ・ゴンザーガの緋色のカメオは、四〇〇〇ドゥカットの負債の清算のためメディチ家によって獲得されたが、今度はピエロ・デ・メディチにより彼の負債の返済のために、キージ銀行へと担保として再び譲渡されている〔93, *p.* 422〕。これらの貸し付けによる利潤はしばしば、建築や芸術品に費やされた。キージ銀行はそれをローマにある豪華なヴィッラ、土地、宝石、タペストリーのために支出している〔74, *pp.* 95-6〕。その結果、フィレンツェ、ヴェネツィア、ローマのような大都市は、消費のための資力と動機を結合させるに至った。リサ・ジャルディンは、プラートのフランチェスコ・ダティーニやヴェネツィア人フランチェスコ・バルバリゴのような国際商人の店で見つけられる豊かな商品を、こうした消費のための資力と動機の結合の例として挙げている〔93, *pp. 103-4*〕。それらが今度は、裕福なパトロンによる文化への派手な支出を促した。クレイトン・ギルバートはフィレンツェとヴェネツィアにおける絵画の市場売買を、早くも一四世紀後半か一五世紀という時点に見出している〔73, *p. 407*〕。

一五世紀のフィレンツェではこうした富が、室内設備や典礼用具の一式を含む宮殿や礼拝堂建設のための競争的な一時代を誘発した。これは、一四一八年にその父が死去した後、サンタ・トリニタ聖堂にパッラ・ストロッツィの注文で造られた、斬新な古典風の礼拝堂と墓所とともに始まった。それは次に、コジモ・デ・メディチと彼の兄弟がサン・ロレンツォ聖堂でそれを模倣するようにと駆り立て、一四九〇年代にストロッツィ家によって建てられた大宮殿によって終結する。その宮殿の建設にはおよそ四〇、〇〇〇フロリン金貨にのぼる資金が費やされ、同家のフィレンツェからの追放中に建てられた「素晴らしい」メディチ宮殿やピッティ宮殿と肩を並べるものであった。これらの建築物のパトロンは、フィレンツェの支配階級の全てであった。ビル・ケントが言うには、彼らの全てが新たな人間つまり成り上がり者ではなかったという。なぜなら彼らの中には新たな一族出身の者たちと同じく、古くからの銀行家や通商家の一族に連なる者もいたからである。しかし彼らは皆、独特なつまりはより貴族的な社会及び文化的アイデンティティを追求し、それを達成するために新たな古典言語や様式を用いたのである〔99, *pp. 51-54*〕。

ヴェネツィアはその商業資産、共和主義、規模、そして成長していく帝国と繁栄という点でフィレンツェと最も似通った都市であり、一五世紀の文化刷新プログラムを促進した国である。しかしながらフィレンツェや他の大半のイタリア諸都市とは異なりヴェネツィアは、ローマ起源の都市ではなく、一四世紀半ばのペトラルカのヴェネツィア訪問やパドヴァのガスパリーノ・バルツィッツァのような人文主義教師との密接な関わりがあったにも関わらず、他の文化中心地から永らく孤立していた。パトリシア・フォルティーニ・ブラウンが論証しているように、ローマではなくコンスタンティノープルが、ヴェネツィアの文化的モデルやその正当性を示す戦勝記念品を提供したのである〔41, *p. 131*〕。始まりは遅くともその文芸復興プログラムは、次第に他のイタリア諸都市の文化的軌道にヴェネツィアを引き込んでいった。例えばヴェネツィアでは、ジェンティーレ・ダ・ファブリアーノとピサネッロによるドゥカーレ宮殿のフレスコ画連作「教皇アレクサンデル三世伝」、一連の凱旋門、ヴェネツィア正史と結び付けて歴代の統領を記念する古典風のメダルや墓碑、ベッサリオン枢機卿の古写本を所蔵するための公立図書館が造られた。ベッサリオンの遺言は「全ての読者の公共善のため安全であり接近できる」書物の住処を求めるという点で、ニッコロ・ニッコリと教皇ニコラウス五世の活動の影響を示している。「ほぼ全世界からあなたの都市へと大挙して集まる」全民族の中で、「ギリシャ人の人数が最も多い」ので、ベッサリオンは彼のようなギリシャ人にとって最も都合の良い場所としてヴェネツィアを選んだ点で独創的であった〔42, *pp. 102-115, 145*〕。

その結果一五世紀後半までにヴェネツィアはついに、マルカントニオ・サベリコ（一四三六－一五〇六）やアルドゥス・マヌティウス（一四五〇－一五一五）のような古典古代の教養に優れた学者や印刷工、ヤコポ・ベッリーニや彼の息子たち（c. 一四〇〇－七〇／一）、ティツィアーノ、ティントレット（一五一八－九四）のような芸術家、ヤコポ・サンソヴィーノ（一四八六－一五七〇）やアンドレア・パッラーディオ（一五〇八－八〇）のような建築家を誇る新たなアテネ、知的帝国の首都となったのである。貴族による後援を受け彼らは、公共建築や慈善団体（修道会や同信会）の施設、個人邸宅や後にヨーロッパ中さらにはアメリカで人気を博した、パッラーディオ様式のヴィッラの双方を通じて新たな古典風モデルを打ち立てた。前述したようにマキャヴェリは、ヴェネツィアは選出された統領によって率いられた約二〇〇〇人の貴族に権力を制限している点で、特異な国であると述べている。この統治機構がヴェネツィアが城や人々に対して有する「支配権」を有する不動産の上にではなく、通商の上に成り立っていたためである。またベッサリオンが指摘したように、外国人居住者が多いという点でもこの都市は特異であった。まさにこのことこそがヴェネツィアをして、銀行家が早い時期から投資してきた新たな印刷文化の普及のための、理想的な中心地たらしめたのであった。ヴェネツィアには復活させるべき古代の過去などなかったというのに、むしろだからこそヴェネツィアは、通商が新たなルネサンス文化の流通に寄与する過程の好例となっている。

ドラ・ソーントンが都市研究上の諸現象を描くにあたり論じているように、ヴェネツィアやフィレンツェのような都市の際だって都会的かつ職業的文化は少なくとも一七世紀まで、「宮廷による政治支配とそこに端を発する文化の双方」からの独立を維持していた。それでも彼女が認めているように、実際のところ都市の知的領域を宮廷環境のそれから切り離すことは不可能である。なぜならジョバンニ・デ・メディチのようなフィレンツェ人銀行家の私的書斎——それはアマンダ・リリーも述べるように、古代ローマ人としての自己イメージを強調するように、その象嵌細工と一二個のローマ皇帝の頭像により飾られていた——は、だまし絵の技法による寄木象嵌を以て装飾された、ウルビーノ公フェデリコによる自己を理想化した書斎とほとんど変わるところが無いからである〔149, *pp. 8, 51, 120-1*〕。フェデリコ・ダ・モンテフェルトロのような傭兵隊長は、平時においては年にほぼ六〇、〇〇〇ドゥカット、戦時には八〇、〇〇〇ドゥカットほどを稼いでおり、パトロンとしてコジモとフェデリコは同等に裕福であった。しかし、彼ら傭兵隊長の富や戦闘技術にも関わらず、一四六一年にフェデリコが彼の仲間の傭兵隊長であるルドヴィーコ・ゴンザーガに不満を漏らしたように、彼らの雇用主は彼らを「無骨者」のように扱った〔56, *p. 70*〕。だからこそ彼らはその稼ぎを宮殿、図書館、絵画といった文化的財産へと変換させるための、資金と同じく動機もあったのである。政府がその傭兵に支払いをすることができなかった時でさえ、彼らに提供された補償は文化に対する支出を促進し得た。例えば、フィレンツェは、ゴンザーガ家がサンティッシマ・アヌンツィアータ聖堂に礼拝堂を寄付することを許可することで、ゴンザーガ家にその給料が払えないことの埋め合わせを行った〔3, *pp. 114-16*〕。枢機卿フランチェスコ・ゴンザーガのカメオはその負債の担保として、またコレクターズピースとしても利用されたもので、宮廷のパトロネージを都市のエリートのパトロネージと区別するのが困難であるのと同様に、通商と文化を区別することも困難であることを示している。

マントヴァのゴンザーガ家のパトロネージは、このことをよく示している〔56, pp. 143-71〕。マントヴァはルネサンス時代における学校というものの、最初の発祥地であった。一四三三年の初代侯爵の叙爵と彼に対するアルベルティによる著作『絵画論』の献上の後、一四四一年にはピサネッロがかの見事な騎馬戦闘図の壁画を宮殿に描くために招聘された。一四五九年にマントヴァで公会議が開かれたことが、芸術活動の二度目の急発展を引き起こしたようである。おそらくハワード・バーンズが言うように、二代目侯爵のルドヴィーゴ（在位一四四四年～一四七八年）が荘厳なサンタンドレア聖堂を建てるためにアルベルティを、そして宮廷画家にするためにマンテーニャをあえて招いたのは、マントヴァが「最重要国家」ではなかった実にその故に他なるまい〔48, p. 27〕。マンテーニャが彼の宮廷で活動した少なくとも四〇年の間に、マンテーニャはマントヴァを世間に知らしめる一連の絵画を描き、ゴンザーガ家に名声と評判をもたらすことに寄与した。彼の圧巻の絵画「カエサルの勝利」は、ルドヴィーコの孫息子が芸術家に言ったところでは、この一族に「家の中にそれらの作品を所有する名誉」を与えてくれたという〔66, p. 15〕。一方で、侯爵宮の〈夫婦の間〉に描かれた彼のフレスコは、その子孫に向けて彼らを記念することで一族の栄光を讃えている。それはまた彼の主君である皇帝、そしてまた親戚のデンマーク王の肖像をも含むことで、ルドヴィーゴが宣伝効果としての肖像絵画の重要性をよく認識していたことも示している。その有効性は、「ここにいる誰もが噂をする」「世界で最も美しい広間」から自分の肖像が除外されたことをミラノ公爵が悔しがったということからのみならず、「大変多くの人によって愛でられた」ものを取り除くことをルドヴィーゴが渋ったことからも明らかである〔5, pp. 130-1〕。

マンテーニャの建築素描の中でもとりわけある一枚を愛好することにつき、彼が挙げた理由から窺えるように、宮殿への他の訪問者たちの中にはルドヴィーゴが彼の教養でもって感嘆させようと望んだ大使や領主が含まれていた。それは、「頻繁に大使や領主が君主のもとにやって来て、彼らをもてなすべくある君主は彼らに自分の有する素晴らしい作品たちを見せようとする訳だが、今や私はこうした連中に見せるべきこの見事な素描を持つに至った。」ということこそ、その理由であった〔48, p. 27〕。また侯爵宮の別の訪問者は、フェッラーラ公エルコレ・デステであった。彼は早い段階で絵画「カエサルの勝利」を目にし、「それらを非常に好んだ」〔66, p. 22〕。その一方同じく侯爵宮を訪れたロレンツォ・デ・メディチは、特に「他の数多くの古代の遺物とともにレリーフ中の特定の頭像」を楽しんだという〔5, p. 133〕。ロレンツォ自身が立派な古代の宝石コレクションを所有しており、新たな古代風建築のパトロン（彼の祖父コジモと同様に）でもあったので、彼はゴンザーガ家と古代美術品に関わりたいという目的を共有していたと思われる。古代の宝石や壺に彼の名前を刻み込むことで、彼はこの関わりが長く続くことを確かなものにしていた。

古代美術品の収集は、一四九〇年にエルコレ・デステの娘（イザベラ・デステ）がフランチェスコ・ゴンザーガと結婚した後もマントヴァで続いた。イザベラ・デステ（一四七四－一五三九）は芸術の卓越したパトロンであった。彼女本人が認めるところによると、彼女には男に劣らず芸術に対する渇望があったという。彼女は特に古代の美術に対して、「飽くことを知らない欲望」があると打ち明けていた。彼女はマンテーニャ、ペルジーノ、コレッジョ、そしてティツィアーノに彼女の書斎のための絵画を注文しており、ジョヴァンニ・ベッリーニとレオナルド・ダ・ヴィンチ（その代わりに彼女の肖像を描いている）だけがその要望に応じなかった。彼女は、彼女のカメオのコレクションにメダル、壺、小立像や彫像に加えて、彼女のグロッタのための貴重なオブジェをもまた入手している。これらのコレクションは生涯に総計一二四一点に達した。この理由から彼女は、「古代美術品収集に非常に没頭した最初のルネサンスの女性」と呼ばれている〔70, p. 55〕。

エルコレ・デステの娘として彼女は、彼女の母であるアラゴン家のエレオノーラはもちろん、伯父レオネッロからも古代美術品への情熱を獲得したに違いない。彼女の母エレオノーラは豊かなナポリの宮廷で育ち〔56, pp. 45-66〕、そこではロレンツォ・ヴァッラのような人文主義者やアントニオ・ピサネッロのような芸術家が活動していたから、彼女は独立した芸術のパトロンであった。レオネッロ・デステ（一四〇七－五〇）は、ヴィットーリノ・ダ・フェルトレの人文主義者仲間のグァリーノ・グァリーニ、そしてグァリーノの息子バッティスタの教えを受けた。そして彼らのおかげでレオネッロは見識ある古代美術品収集家、更には彼の宮廷で人文主義者アンジェロ・ディチェンブリオだけでなくピサネッロやヤコポ・ベッリーニを雇用する芸術のパトロンとなった。一四三八年フェッラーラは、国際的名声に浴することとなった。この短期間、少なくとも一〇〇〇人の西方人と幾分少数のギリシャ人が、後にフィレンツェに移転することになった公会議のためにこの都市を来訪した。当時アルベルティをこの文化界に引き入れることで、レオネッロはアルベルティの彫塑術や建築学への興味を促し、レオネッロの強い希望でアルベルティはウィトルウィウスのかの名高い論文『建築論』の研究を開始したのである。レオネッロはロヒール・ファン・デル・ウェイデンのような北方芸術家やギヨーム・デュファイ（c. 一四〇〇－七四）のような北方音楽家をもまた後援し、エルコレ・デステ（在位一四七一－一五〇五）と彼の妻エレオノーラの下でのフェラーラ文化の最盛期の基礎を築いた〔56, *pp. 119-142*〕。

人文主義の情熱や欲求はフェラーラからマントヴァだけではなく、ミラノをはじめとする他のイタリア宮廷へと更に広がって行った。ミラノではイザベラの妹ベアトリーチェが、一四九一年にルドヴィーゴ・イル・モーロ（一四五一－一五〇八）と結婚後、ミラノ宮廷を取り仕切っていた〔56, *pp. 93-118*〕。イザベラは彼女を通して、建築家、エンジニア、そして画家としてルドヴィーゴの華やかな宮廷で活動していたレオナルド・ダ・ヴィンチに会ったに違いない。レオナルドの最も称賛を受けた絵画の一つは、ルドヴィーゴの愛妾チェチリア・ガッレラーニの肖像『白貂を抱く貴婦人』で、イザベラはそれを見たがっていた〔5, *p. 142*〕。

リミニでは古代文化に熱中したいま一人の傭兵君主シジスモンド・マラテスタ（一四一七－六八）が、レオン・バッティスタ・アルベルティに記念碑を発注している。シジスモンドは爵位を授かることがなかったが（それどころか彼は破門され、彼の軍事行動のために地獄行となっている）、おそらくこのことが、彼自身と愛妾のイソッタがサン・フランチェスコ聖堂の壮大な再建築において不朽の名声を得ることを、何にもまして必要不可欠としたのであろう〔史料29〕。リミニのアウグストゥスの凱旋門から、凱旋門、コリント式円柱、装飾的な円盤を組み合わせ、シジスモンドの栄光を称えるモニュメントを創り出したアルベルティの成功は、一四五〇年にマッテオ・デ・パスティによって打ち出しされたその「聖堂」のメダルに見ることができる。マッテオはこの聖堂に名前を与えた人物で、これにより聖堂は今もテンピオ・マラテスティアーノ（マラテスタの神殿）として知られている。

しかし、これら全ての傭兵君主の宮廷の中で最も傑出しているのは、ウルビーノのフェデリコ・ダ・モンテフェルトロの宮廷であった。マントヴァにあるゴンザーガ家の新たな学校で教育を受け、フェデリコはおそらく彼の時代で最も裕福で成功した傭兵将軍であったものの、長らく政治的な正統性を欠いていた（モンテフェルトロ家は一四七四年にようやくウルビーノ公爵に叙せられたところであった）。彼の後援のおかげでウルビーノは小さな丘の上の町から、永く重要性を持つ文化中心地へと変貌を遂げる。この文化中心地はカスティリオーネの著名な著作『廷臣論』の舞台となり、この著作はフェデリコの息子グイドバルドの統治下におけるウルビーノの、文化的で洗練された雰囲気を再現している〔56, *pp. 66-91*〕。フェデリコはいまだ現存するウルビーノの美しいルネサンス様式の宮殿を造営するために、自身の資産を利用した。ヴェスパジアーノ・ダ・ビスティッチを通じてフェデリコの特色ある図書館に納入された書物は、今やヴァチカン図書館の一部を形成している。ヴェスパジアーノによる彼のパトロンへの愛情のこもった伝記〔28, *pp. 84-114*〕は、ピエロ・デッラ・

フランチェスカによるフェデリコと彼の妻バッティスタ（別の傭兵隊長の娘。フィレンツェのウフィツィ美術館所蔵）の肖像画とともに、軍人としてだけではなく文化人としてのフェデリコの名声を、彼が正に意図したように生き生きと描き出している。

これら全ての君主たちは軍人仲間であるのと同様に、婚姻によって密接に関わり合っていた。だから婚姻は、傭兵君主の宮廷と大都市との政治的または外交的な繋がりがそうであったように、新たな文化の普及のためのまた別の伝達手段を提供したのである。外交使節の活動は契約、支払い、同盟や講和を取り扱うだけでなく、最新の芸術的業績や最高の芸術家に関する報告をも伝達した。アルベルティによるリミニのシジスモンド・マラテスタのための壮大な聖堂の件は、リミニにいたフィレンツェ大使によってフィレンツェにもたらされ、また一四九〇年代には、ミラノ公爵の護衛官がフィレンツェで、公爵のための人材発掘者の役目を果たしていた〔史料31〕。キャロライン・イーラムが述べているように〔67〕、芸術家は文化外交の道具としても利用されたのである。フィリッポ・リッピは、一四五七年にジョヴァンニ・デ・メディチからナポリのアルフォンソへと外交上の贈り物として派遣された。これはちょうど三人のフィレンツェ人芸術家（ギルランダイオ、ロッセッリ、ボッティチェリ）が、教皇を懐柔しパッツィ戦争後の彼との平和条約を強化する目的で、一四八一年にローマのシスティーナ礼拝堂を装飾するために派遣されたのと同じく、ナポリとの新たな同盟関係を強化するためであった。ロレンツォ・デ・メディチがカラーファ枢機卿にフィリッピーノ・リッピを推薦した時、彼の動機は政治的というよりむしろ王朝的なものであったが、彼の仲介者がローマにいるフィレンツェ大使であったため、外交が新たな文化が伝わるルートを提供したのである。

ナポリのアラゴン王国の宮廷もローマの教皇の宮廷も、芸術やパトロネージの新興の中心地であったわけではない。しかしこれらの宮廷の主たちもまた、文化に投資するということにおいて傭兵君主と同様の動機をある程度共有していた。なぜなら彼らも一四四〇年代中葉に、権力者として彼ら自身を再定着させなければならず、そのため芸術家や思想の流通に積極的に関与することになったのである。アラゴンのアルフォンソ五世は、アンジュー家とのナポリ王位継承争いに一四四二年についに勝利した後、文化拡大計画に着手した。凱旋門の建設と神のごときアウグストゥス（Divus Alphonsus）として彼を祝福するメダル作成のために、ピサネッロをマントヴァから呼び寄せた。教皇もまた、その長年にわたるローマ不在ののち、文化の刷新によってその権威を再建した。ニコラウス五世は図書館を設立し、学者のために再発見されたギリシャ語書物の翻訳を始めた。また彼は壮麗な建築物で都市を美しく飾るために、アルベルティを雇った。これらの事業はどれも、彼の教皇職における功績に数えられている〔史料24〕。シクストゥス四世（一四七一－八四）は彼がシスティーナ礼拝堂（ミケランジェロによって完成されることになる）のために委嘱したフレスコ画において、教皇君主制の教義を再主張した。また都市を橋で飾り、聖職者が彼らの財産を親族に遺贈することを可能にする法によって宮殿建築を促進した。アレクサンデル六世（一四九二－一五〇三）とユリウス二世（一五〇三－一三）は、ヴァチカン宮殿と新たなサン・ピエトロ聖堂の建設、装飾を行った。サヴォナローラやルターのような改革主義者による非難にもかかわらず、教会は明らかに新たな消費文化に俗人と同程度に寄与したのである。

先述の通り商業は、本章で議論してきた「収集可能なもの」のほとんどを下支えしてきた。そして商業はいかにルネサンスの理念がイタリアで流通したのかを理解するための、（定量的ではないが）有用な手段を提供している。このルネサンスの理念は、都市のエリート層や新興君主の威信や正統性に対する共通の願望、共通の古典文化によって汲み出されたのである。商業を通じてなし得ないこととは、ルネサンスの理念が広まった経路の多様性を描き出すことに他ならない。ルネサンスの理念は商業的であると同時に政治的かつ表象的なものでもあった。一七章では、権力の行使としての芸術やパトロネージの政治的機能に立ち戻ることにしよう。それは権威を押し付けるために、例えば皇帝カエサルや古代ローマの元老院議員のイメージといったものを利用することである。しかしとりあえずはいかにしてこれらの理念がイタリアの外、イタリアの政治構造や古代の遺産がなかった国々に流通したのかを吟味しなければならないだろう。

14 ヨーロッパとその彼方

イタリアで生み出されたルネサンスの情熱は、黒死病が伝播したのと同じように、船、交易、品々、人的接触を介し、瞬く間に伝染病のように他のヨーロッパ諸国やその彼方へと伝播した。しかしその出来事が国、商品、または運搬手段の観点から語られようとそうであるまいと、ルネサンスの熱狂の伝播にとりイタリアとの接触が、ある程度不可欠ではあった。ブリュージュがその好例を示している。一三世紀末よりブリュージュにはイタリアの銀行支店があり、高級品の交換のための流通中心地となっていた。高級なシルクや金細工といったものが、タペストリーや絵画と引き換えにブリュージュに輸入されていた。例えば「二枚のカンヴァス画」が銀行家ロレンツォ・ストロッツィによって、ブリュージュから彼の母のもとに送られた。彼女はロレンツォに「もし利潤を上乗せして売れるなら」売るつもりである、そうでなければ「その絵画は信仰のこもった美しいものであるから……聖顔」と同様に手元に置いておくと告げている〔5, *pp. 110, 117-8*〕〔史料32〕。かの有名なヤン・ファン・エイクによる『アルノルフィーニ夫妻像』（現ナショナルギャラリー、ロンドン所蔵）はブルージュ在住の二人のルッカ人の間の婚約を描いたもので、ブリュージュにいるフィレンツェ人のポルティナーリがフーゴー・ファン・デル・グースに注文した祭壇画（現ウフィッィ美術館、フィレンツェ所蔵）と同様に、指導的立場にあるブリュージュ人画家がイタリア人銀行家から注文を受けた美術品の例である。イタリアとブリュージュの間の貿易関係は同様に、利益と学究的喜びが合併した動機から、書物のやり取りをもまた促進した（一五世紀末までにはイタリアのガレー船の貨物の一部を、本箱が構成するようになる）。ゲントにいたあるブルゴーニュ人学者の図書館でフィチーノの手稿が見出されるのは、ブリュージュにいるメディチ家の代理人が教皇の大使のために写されたフィチーノの著作の一つを手に入れたすぐ後のことであった〔139〕。つまり貿易の回路を通じてではあったが、ルネサンスの熱狂との接触をフランドルに提供したのはフィチーノだったのである。

同様のことはドイツにも当てはまる。ニュルンベルク、アウクスブルク、ストラスブルクのような裕福な帝国都市は一五世紀後半と一六世紀初頭に、芸術的にだけでなく文学的にもルネサンスを生み出した。マイケル・バクサンドールは、南ドイツの菩提樹彫刻家の作品に関する研究において、富、新たなパトロン、より多くの独立した作業形態といったイタリア諸都市と類似した状況がいかにして芸術運動を生んだのかを例証している。この芸術運動は類似してはいるが、イタリアのそれとは元来無関係であった。一五〇〇年頃にイタリアとの密接な貿易関係を持っていた商人兼銀行家のフッガー家を媒介に、アウクスブルクにイタリアの影響が到達したとき、「都市の新たな人間は、多種多様なイタリア式の思想とイタリアの人々とを利用した。」例えば、芸術家だけでなく複式簿記について知っていた簿記係、アウクスブルクの銅専売者を正当化するためにアリストテレスを用いることができる人文主義法律家といった人々である〔31, *p. 136*〕。ハンス・ホルバイン(一四九七－一五四三)やアルブレヒト・デューラー(一四七一－一五二八)はともに後期ゴシック様式の工房で修業をした芸術家(それぞれアウクスブルクとニュルンベルク)で、一六世紀初頭にイタリアへと旅をする必要に駆られ、新たなドイツ・ルネサンスを創り出した。それは多様な影響、富、材料、そしてイタリアのノウハウに起因していた。

ハンガリーも同じくイタリアの貿易や文化の影響を進んで受け入れた。一四世紀以来、ハンガリーとアンジュー家ナポリとの間の王朝間の連関のおかげで、イタリアの貿易居留地がブダに設立されており、他方でハンガリー人の学生がボローニャやパドヴァで学んでいた。一五世紀までに、ピア・パオロ・ヴェルジェーリョやマゾリーノのようなイタリア人人文主義者や芸術家がハンガリーで活動し、マーチャーシュ一世(d. 一四九〇)の治世にイタリア人人文主義者や芸術家の流入が促進された。マーチャーシュ一世は、フィレンツェの本屋ヴェスパジアーノ・ダ・ビスティッチに、コジモ・デ・メディチや教皇ニコラウス五世、ウルビーノのフェデリコ・モンテフェルトロと比肩するような図書館の蔵書を注文している。マーチャーシュの後継者らはボヘミア王であり、ポーランド王とも親戚関係であったので、「国際人文主義の中央ヨーロッパが形を成し始めていた。」当然のことながらボヘミアはカレル四世(カール四世、一三四七－七八)の治世以来、イタリア文化の影響を受けていた。カレル四世はペトラルカとコーラ・ディ・リエンツォを、プラハに招待している。

その一方でポーランドは、より後に発展した国であった。カジミェシュ四世（d.一四九二）の治世下に、ローマのポンポニウス・ラエトゥスの異教的なアカデミーからの移住者、フィリッポ・「カッリマクス」・ブォナッコルシが到着したのがポーランドであった。このことがイタリアとの文化的かつ外交的な接触を刺激し、一六世紀のクラクフをドイツ人人文主義者はもちろんイタリア人文主義者の会合場所、いわゆるヴィストゥラ学会開設の地にしたのである〔123, *pp. 164-220*〕。

コンスタンティノープルもまた、貿易がルネサンスの商品交換のためのルートを提供した都市である。ヴェネツィアやジェノヴァは一二〇四年の十字軍以来、コンスタンティノープルとの貿易特権を享受していたが、贅沢品の取引が実際に始まったのは一四五三年にオスマン帝国によるコンスタンティノープル占領後であった。これもまた双方向のやり取りであった。スルタンからは高級なシルク、金襴、陶磁器がイタリア市場に輸出された。これは、ヴェネツィアの統領からジェンティーレ・ベッリーニ、シジスモンド・マラテスタからマッテオ・デ・パスティといったように技師や芸術家を借用した見返りとしてであった。そのような交換が「文化的やり取り」であったということは、スルタンへのシジスモンドの手紙や、スルタンへの彼のその他の贈り物が明らかにしている。贈り物は数枚の地図とシジスモンドの取り巻きの一人、ロベルト・ヴァルトゥリオの著書『軍事論』の写しであった。この本の序文でヴァルトゥリオは、テンピオ・マラテスティアーナにおけるマッテオの仕事は、「市井の人々とは全く異なる教養ある人々」を惹き付けるものであったと解説している。その一方で手紙の中でシジスモンドはスルタンに対して、文化的モデルとしてアレクサンドロス大王に倣うことを提案している。その理由としてシジスモンドは、キケロによると「アレクサンドロス大王は、自身の偉大さが維持されるべく、後世のため彼の肖像は保存されねばならないということに心を配り、この目的のために最高の画家と彫刻家を選んだ」からだと書いている〔93, *pp.* 231-9〕。実際にはマッテオ・デ・パスティは、これらの有用なメッセージを伴ってスルタンに接触することはなかった。なぜならクレタ島にいるヴェネツィア人によって、それらを軍事的機密に属する物であるとして押収されてしまったからである。このことは我々にこれらの贈り物が、より一段と高い実用的機能を有していたことを気付かせてくれている。だがその一方でこの出来事は、イタリア都市や宮廷エリートらの間に流行した文化理念を循環させることに関する、貿易（そしてそれに係わる外交）の役割を有効に描き出してくれる。

ジェリー・ブロットンによると、アメリカを目指した西方への拡大とアフリカを目指した南方への拡大もまた、文化や贈り物のやり取りという文脈の中で起こったという。ブルクハルトが周知の如く述べてきた、大胆不敵かつ「文明化」をもたらす新たな地平線の征服を示すどころか、ヨーロッパ人のアメリカに向かう西方拡大やアフリカ大陸沿岸への南方拡大は、元々は商業的で相互に利益のある事業だったのであり、決して植民地化事業ではなかった。この拡大において地図、地球儀、航海のノウハウが文化取引の一部を成していた〔35, *pp.* 19, 27-8〕。こうした事例に関して言えば、イタリアとの接触は書物を介してなされた。その書物とはプトレマイオスの『地理学』で、この本は古典古代の復活としてのルネサンスに関する従来の記述においても重要な役割を果たしてきた。

そのことはこの本が最初に写され、翻訳されたのがフィレンツェであったため、新たな思想の中心地としてのフィレンツェの重要性を、より強固なものにしているかのようにも見える。サミュエル・エドガートンによると『地理学』は、「フィレンツェの知的風土が、機知に富んだ方法でその本を活用すべき機が熟した、絶好の時機に」到来したという(64, p. 114)。この本にブルネレスキのような芸術家やパオロ・トスカネッリのような数学者だけではなく、フィレンツェにこの本がやって来てからわずか十年程でラテン語翻訳の写本を作成することになる商人たちも関心を抱いた。一四一七年に、フランス人の枢機卿がフィレンツェにてプトレマイオスの写本を買い、その最新版を一〇年後に、ポルトガル王の兄弟であるエンリケ航海王子が、フィレンツェを訪問したのとほぼ同時期に購入している。さらにプトレマイオスの『地理学』に関する公開討論が行われたのもまた、フィレンツェであった。論争者の一人はフランチェスコ・ベルリンギエーリで、イタリア語でこの本に関する論文を書いた最初の人物である(この論文はスルタンのメフメト二世に献上されている)。またパオロ・トスカネッリが、東方への限られた西回りのルートに関するもので、後にコロンブスがそれを入手したという手紙を書いたのは一四七四年のことで、その発信地もまたフィレンツェであった。しかし一四七七年に『地理学』が出版されるとすぐに(まずボローニャで出版、一〇年内に六つの新版がボローニャ、ローマ、フィレンツェ、そしてウルムで印刷される)、この書物とフィレンツェとのつながりは重要さを失う。なぜなら『地理学』は東方において長くそうであったように、ヨーロッパでも広く入手可能になったからであった。ブロットンのより広い視野から見れば、書物を発信することにおけるフィレンツェの役割は過小評価されるものではないが、文化交換の相互プロセスの一部をなすに過ぎない点において、若干再検討を要するものでもある〔35, 第3章〕。

ヨーロッパの外と同様にヨーロッパ自体においてもまた、文化的及び商業的な影響という混合物を通じて我々は、ルネサンス理念の拡散を辿ることができる。イギリスでも交易は新たな文化を広めるために、本や個人の影響力と結びついていた。一四七五年に印刷屋のニコラス・ジェンソンは、プリニウスの『博物誌』のイタリア語版を二つのフィレンツェ史のイタリア語版とともに、イギリスにいる数人のフィレンツェ人の実業家と外交官に提供するよう求められた。そこで翌年に彼はプリニウスを八冊と二種類のフィレンツェ史をそれぞれ五冊ずつ、ロンドンにいるストロッツィ家の代理人宛てにヴェネツィアのガレー船で発送し、その二年後にはプルタルコスをその積み荷に追加している。一四八〇年代までに「この書物取引は実入りのいい産業になっていた」。ロンドンにいるフィレンツェ人にだけでなく、イギリス人の学者にも書物を供給しその結果、イギリス人の印刷業者がこの市場で競合することを促進したのである〔93, *pp. 143-4*〕。これらのフィレンツェ人が書物の特別な発送を必要としたという事実は、一四一九年から一四二〇年のイギリス訪問に関するポッジョ・ブラッチョリーニの報告を裏付けているようだ。その訪問は彼にとって、「数多くの理由から全く喜びのない」ものであったという。なぜならとりわけてもそこに「本が全く無かった」からであった。だが実際には、熱狂的な書籍収集家も多くの古書もイギリスには少なくなかったのである。とりわけ、王家のヘンリー四世やその息子のヘンリー（後のヘンリー五世）、グロスター公ハンフリー、そしてベッドフォード公ジョンが書籍収集家として挙げられよう。ジョンは自身の図書館を作り、一四二三年から一四三五年のフランス摂政時代には、ルーヴル宮殿にあるシャルル五世の壮麗な図書館から八四三冊の書物を接収している〔146, pp. 91-6〕。しかしポッジョの話は、ポッジョやレオナルド・ブルーニのようなフィレンツェの先駆者集団のメンバーを通じてイギリスに人文主義が到達したという、旧来の説（ロベルト・ウェイスによって提唱された）を支持している。これは、グロスター公ハンフリーがブルーニにアリストテレスの『政治学』の翻訳を依頼したのが、彼がブルーニの翻訳したアリストテレスの『倫理学』を読んだ後であったからである。ブルーニは一四三七年に翻訳した『政治学』を彼に捧げている。今度はこれが、イタリアの人文主義者ピエール・カンディード・ディチェンブリオが公爵に、彼が翻訳したプラトンの『国家』を献上するきっかけとなった。その結果公爵はディチェンブリオに、古典風の図書館を建設するための協力を求めたのであった。ニッコロ・ニッコリのようにハンフリーは、学者というよりむしろパトロンであり、彼が手に入れたギリシャ語の写本を読むことはできなかった。しかし彼の蔵書をオックスフォード大学に遺贈することで、同大学のボドリアン図書館にある所謂「ハンフリー公図書館」創設のパトロンとして記憶されている〔155, chs III, IV〕。

その結果としてギリシャ語を学ぶことに対する新たな熱狂は、他のイギリス人貴族や聖職者をイタリアへと引き寄せた。例えばウスター伯爵やリンカンの聖堂主任司祭ロバート・フレミングは、一五世紀半ばにギリシャ語を学ぶためにフェラーラへと赴いた。他にも二人のイギリス人、ウィリアム・グロシン（c.一四四六―一五一九）とトマス・リナカー（c.一四六〇―一五二四）はポリツィアーノに師事するためにフィレンツェに行き、両者は彼らの師のように熱心な言語学者となった。また聖パウロ学院の創設者ジョン・コレットは、フィレンツェでフィチーノに師事した。イギリスの大法官トマス・モア（一四七八―一五三五）もまたギリシャ語や新たな人文主義に熱心で、グロシンとリナカーの弟子にしてかつコレットの友人であった。同様に彼とコレットは、ペトラルカに続く模範的なルネサンス人文主義者とみなされたロッテルダムのエラスムス（c.一四七七―一五三六）の親友ともなった。

リサ・ジャルディンによると、ルネサンス文化を行き渡らせた相互作用プロセスを最もよく表す人物こそ、エラスムスであるという。なぜなら「真のヨーロッパの文人」というエラスムスの評価は、彼女の論じるところによれば、学者グループの自我意識の構築にかかっているからだ。彼は彼の学者的なイメージを創造し広めるために、手紙を書くことや印刷術、そして自画像を利用した〔91, *p. 147*〕。クエンティン・マサイス、ホルバイン、デューラーが彼の自画像を描いた。ペトラルカとは異なりエラスムスは聴衆を創出するために、印刷術という新たな発明を利用することができた。とはいえ彼はペトラルカに倣い、自己イメージを創造すべく古典文学、肖像画、書簡文というツールを採用したのである。ペトラルカと同様に彼は、皮肉や文献学的本文批評（ヴァッラの『新約聖書』注釈の編者として〔史料11〕）を用い、彼の時代の悪習を排撃するべく粗野な行為を痛烈に批判した。

庶子として生まれたエラスムスはオランダのデーフェンテルにある共住生活兄弟団、続いてパリ大学で教育を受けた。彼の文学仲間は、一四九九年にコレットとモアとともに築いた親交によって、最初はイギリスで形成された。イギリスからイタリアへの訪問の後エラスムスは、彼の友人モアに彼の駄洒落風刺本『痴愚神礼賛』を献呈した（Encomium Morae, ギリシャ語でmoreは「痴愚」を意味する）。これに呼応してモアも『ユートピア』を執筆し、現代の悪習に対する風刺的攻撃を行う。この著作はエラスムスとの問答部分の登場人物の一人である彼の校訂者ピーター・ギレスの援助を受けて、一五一六年にルーヴァンで出版された。翌年にエラスムスとピーターは、地元の画家クエンティン・マサイスによって描かれた二枚折りの絵をモアに送った。この絵には肖像と書籍によって、両寄贈者が表されている。一方で、モアに宛てた手紙とギレスが再前景に差し出している彼の著書『ユートピア』によって、まさに「不在」を通じてモアの存在が絵画中に表現されている。

この仲間内で、エラスムスにイタリアとの正当なつながり（幾分遠回りではあるが）を提供したのは、ロドルファス・アグリコラ（一四四三―八五）であった。彼はグアリーノの息子のフェラーラにおける弟子であったのみならず、デーフェンテルにおけるエラスムスの教師の教師の一人でもあった。アグリコラはスペイン人の人文主義者ファン・ルイス・ビベス（一四九二―一五四〇）に、影響を与えた可能性がある。ビベスは彼が一五一五年にブルージュでモアに出会ったとき、既にエラスムスの友人であった。一五世紀にイタリアを訪れた他の人文主義者としては、フランス人ジャック・ルフェーヴル・デタープル（c. 一四五〇―一五三六）とギヨーム・ビュデ（一四六八―

一五四〇）がいる。デタープルは、イタリアでピコとエルモラオ・バルバロに会った後、アリストテレスや教父らの著述の新版の編集に着手した。ギヨーム・ビュデは『ユスティニアヌス法典』に関する批判的『注解』（一五〇八）のために、ヴァッラとポリツィアーノの手法を利用した。スペインではエリオ・アントニオ・デ・ネブリハ（一四四四－一五二二）が一〇年間イタリアで過ごした後、聖書学に大変革をもたらした新たな多言語聖書の刊行に尽力した。

イタリアからの影響はイタリア芸術や建築に対する新たな志向、そしてブルゴーニュやチューダー朝イギリスの宮廷野外劇においてより明らかである〔147〕。ヘンリー八世が彼の両親のためにフィレンツェの彫刻家ピエトロ・トッリジャーニに委嘱した古典風の霊廟（ウェストミンスター寺院、一五一二－一八）は、新たな流行の始まりであった。間もなくイタリア芸術や建築の影響は、トッリジャーニによる胸像、ハンス・ホルバインの肖像画、ニコラス・ヒリアードの手になる細密画や、ハンプトン・コート宮殿にあるウルジー枢機卿の邸宅、ハットフィールドの王宮等の建築物中に看て取ることができるようになる。一七世紀初めまでに、郊外ではなくロンドンに別宅を建設し居住するという「イタリア流」生活様式が、紳士階級に大きく影響を及ぼしたため、あっという間に「イギリスとは唯一ロンドンとなり、国全体は取り残されることになる」ことになってしまった。そこでジェームズ一世は「廷臣、市民、法律家だけ」がロンドンに居を構えることができ、新築住宅を建設する者は投獄されると布告した〔史料33〕。スーザン・フォイスターはこの時期にイギリスにおける美術品収集を促進したのは、「イタリアとのというよりむしろ、大陸との関わりや特にフランスや低地諸国との関わりであったと論じている〔71, *p. 23*〕。それでもそうした「新たな嗜好や新たなタイプの収集家」の好例を、トマス・クロムウェルが示してくれる。彼は、イタリアのペトラルカやカスティリオーネの著書を所有していた。このことは新たなエリート階級の廷臣や政治家による世俗的な美術品収集に対する流行に、イタリアが寄与したことを示している。

フランスと同様イタリアから広まった新たな学問によって影響された結果、イギリスで古典籍収集活動が発達したのは一六世紀のことであった。『英国史』（一五三四）においてイギリスの起源にまつわる古い神話を批判することで、イタリア人の歴史家ポリドール・ヴァージル（c. 一四七〇－c. 一五五五）は新たな批判的な歴史著述を促進した。この批判的な歴史著述というのは、ジョン・リーランドやウィリアム・カムデン（一五五一－一六二三）のような人々の古典籍研究が基になったものである。並行してフランスではエティエンヌ・パスキエが、フランスの古典籍研究のために文献学の手法を用いた。これこそパスキエが、「私は私の書物自体を研究と呼んできた」と書いた所以であった〔95, *p. 271*〕。

フランスではイタリア芸術や建築への趣味はシャルル八世、ルイ一二世、フランソワ一世のもとでのイタリアへの軍事侵攻によって促進された。一五一五年にミラノで『最後の晩餐』を見た後、フランスへ来るようレオナルド・ダ・ヴィンチを――そして短期間アンドレア・デル・サルトを――説得したのはフランソワ一世であった。一五二八年に幽閉から解放されて国に戻ると彼は、「新たなローマ」つまり新たなルネサンス君主制の文化的シンボルとして、フォンテーヌブローの古城を再建する。そこにはフィレンツェ出身のロッソ・フィオレンティーノ、ボローニャ出身のフランチェスコ・プリマティッチョ、二〇年後の一五五二年にやって来たニコロ・デッラバーテによって古代世界が描き出された。その中で華やかな行列や仮面舞踏会が、プレイヤード派のメンバーによって書かれた詩歌に合わせて演じられた。このプレイヤード派とは同じ名を持つ古代アレクサンドリアの集団に倣い、詩歌を作る古典風の詩人集団であった。イタリア人やフランス人の外交官を仲介者にし、フランソワ一世もまたイタリア芸術のパトロンであり収集家となった。彼はミケランジェロ、ブロンズィーノ、ティツィアーノの作品を手に入れただけでなく、彫刻や古代美術品の石膏模型をも獲得した。石膏模型は王宮の鋳物工場で青銅に変えられたのである。そのうえ彼は古典言語の研究のために王立学士院（アカデミー）を設立し（監督責任者にエラスムスを呼び寄せようとしたが失敗）、王立図書館を拡充し、王室画家を任命した。フランスの人文主義者フランソワ・ラブレー（c. 一四九〇－一五五三）は一五三二年に、彼の理想の教育施設たるテレーム僧院を、「シャンボール城やシャンティイ城よりも……一〇〇倍も壮観であったのだが、テレーム僧院には、ギリシャ語、ラテン語、ヘブライ語、フランス語、イタリア語、そしてスペイン語の書物」を所蔵する図書館がそろっており、「汝が欲するままに為せ」ということをモットーに生きる「美しく、立派で、優しい」男女が通っていると書き記した〔25chs, 55-8〕。我々はラブレーの皮肉からルネサンス建築の影響はもちろん、強まっていく男女共学やリベラルアーツ教育というルネサンスの流儀の影響に気付くことができる。

これは、もう一人の重要なフランスの人文主義者ミシェル・ド・モンテーニュ（一五三三－九二）が受けた教育であった。彼は地方の貴族階級出の敬虔なカトリック教徒で、ボルドーの高等法院の司法官になったので、彼の著書における古典思想の明らかな影響——例えば、「世界市民」としてのソクラテスに対する彼の賞賛——は、単に修辞学的なものだろうと思うかもしれない。しかしフランスでの内乱の残酷さを経験したことに加え、ルーアンの街路を通った折ブラジルの人食い部族を見せつけられた経験は、彼を宗教的寛容の最初の代弁者の一人にした。なぜなら彼は「我々は皆、自身の慣習とは相いれないものを野蛮と呼ぶことを除いて」、人食い部族について彼らを野蛮な存在であるとはみなさず、ゆえに「生者を食べることは死者を食べること」よりもずっと野蛮であると記しているからだ〔史料36〕。彼は内省的な『エセー』をもまた書いている。彼の『エセー』は、ペトラルカやエラスムスの肖像画に劣らず自己を意識したものであるが、欠点も何も包み隠さずに著者を開示する非古典的手法であるという点において、斬新なものであった。

イタリアにおけると同様に、ここでもまた前代未聞の考え方が出現したのだった。新たな経験はまさに、そこにおいてこの新たな経験が語られるべき再生した——古典的——言語との出会いを通じて実現したのである。イタリアの外におけるルネサンスの展開の物語は、それらの国々でどれだけの熱狂がイタリアと共有されたのかを物語っている。それは新たな学びや学校への愛、イタリア芸術や建築への愛、そして自己愛である。これらの理念がヨーロッパ中やヨーロッパを越えて旅をしたとすれば、それはモンテーニュが実際に示したように、それ自体が逆に新たなる「産物」を作り出すような市場が存在したからであった。これは、個人と思想が従来にも増して重要な役割を果たす物語なのである。しかし対等な者同士の開かれた、双方向のやり取りという相互作用を記述することでルネサンスについて語るこの方法により、その価値を文明化の過程としてのみ強調するという、古いやり方を回避することができるだろう。このことを最もよく表す出来事こそが印刷術である。この印刷術はルネサンスの理念を広く行き渡らせただけのみならず、以後これと同様のルネサンス運動がもはや不必要となることを避けられないものとするのに役立ったのである。

15　印刷術の発明

フランシス・ベーコンによると印刷術は、世界を変えた三大発明の一つであったという。それは、「古代には知られていなかった」（『ノヴム・オルガヌム』）真の独創性を有していた〔65, *p. 12*〕。印刷術は、もちろんそれ自体が新たな思考を促進したわけではないが、新たな考えが前よりもより速く、より正確に広まることを可能にすることで、その思考を刺激したのであった。それはまた同時に、これまでよりずっと幅広い人々の間でその影響を浮き彫りにした。マーティン・デイヴィスがコロンブスの『新大陸に関する手紙』の翻訳本で語ったように、「一四九三年に新大陸から戻ったクリストファー・コロンブスを出迎えた時の記事ほど出来事を効果的に報じた報道はない。ヨーロッパがそこから離陸したばかりの写本時代には想像を絶するような効率と効力でもって、彼による発見の知らせはスペインを超えて広がり、数か月内に大陸の大きな町にまで到達していた」〔58, *p. 7*〕。ローマ、パリ、アントワープ、バーゼルの各地に所在する四つの印刷センターの全てが、元来スペイン語で書かれていた手紙のそれぞれのラテン語翻訳を印刷した。元のスペイン語の手紙は、イベリア半島やスペイン人教皇アレクサンデル六世の宮廷で印刷、流布された。ストラスブルクは後にそのドイツ語版を、フィレンツェは広く普及したイタリア語版を刊行した。このイタリア語版はある司祭によって（講談師（カンタストリエ）というプロの話し屋、大道芸人による暗唱のための）詩に改変された。

このようにして印刷術という新たな発明品は新世界の発見を祝い、数か月の内にヨーロッパ中にそれを報知したのであった。それは今日でもほとんど類を見ない程の、驚くべき出来事であった。これほど劇的なスクープはなかったが、一四七七年にボローニャで初めて出版されその後一〇年内にボローニャ、ローマ、フィレンツェ、ウルムで六つの新版の形で再版されたベルリンギエーリの『地理学』、ルカ・パチョーリの『算術・幾何・比及び比例全書』、一四七六年にイギリスに送られたニコラス・ジャンソン編集のプリニウスのイタリア語版『博物誌』、フィレンツェのリポリ出版によって刷られた一〇二五冊のプラトンといった書物は全て、印刷の（黎明期であった）最初の数十年の間、新たなあるいは新たに発見された思想を広めることに寄与した。（一五〇〇年代～一六〇〇年代におよそ六二のイタリア語版と多数の翻訳が出版された）カスティリオーネの『廷臣論』は、「新たな語」を推奨することで、全く新たな宮廷作法を世に広めた。この「新たな語」とは、すなわち計算された手抜きを意味する〈さりげなさ〉（sprezzatura）という語で、「技巧を隠し、あたかも労苦なく、ほとんど無意識に自分の言動を提示することを意味する」[46, *pp. 31, 41, 62*]。印刷術は、以前よりも広範に書物を流通させることにも役立った。当初その流通は、写本市場と同様のルートをとった。しかし例えばライン川沿いやスイス、東ドイツといった、以前は未開発であった地域に展開しようという金銭的誘因は、書物を新たな地にもたらした。どの学者の書斎も続く一六世紀までに、ボダンとアリストテレスの本を備えつけるに至ったのも、それらの本自体の人気によるものであるのと同様に印刷機のおかげである。

アンソニー・グラフトンが述べたように印刷術は、よりいっそうの正確さも生み出し、「文献学における新たな精度」を確実にした。彼は印刷術を、一五世紀後期において人文主義者らに影響を与えた「三つの極めて重要な変化」の内の一つと評した。いったん印刷されてしまえば、ヴァッラの『リウィウスの六巻への校訂』や『新約聖書注解』のような文献は、今後誤写によって原形が損なわれる危険性がなくなり、より良くより正確な版の生産を促進することになった。目次や正誤表、アルファベット順の索引、余白に書かれた概要といった、印刷術とともにもたらされたその他の変化は、印刷された本をより広い読者が、より容易に理解できるものとした。手軽に比較や熟考の対象となる地図、数字や図表の詳細な一式を付録することで、印刷術は特に科学や天文学の分野で大きな影響力を揮った。ニコラウス・コペルニクス（一四七三－一五四三）は、自身のかの著名な『天体の回転について』（最初の一五四三年版は四〇〇～五〇〇部印刷され、一五六六年に第二版が再版された）の影響を、生きて目にすることはできなかったが、我々は「一六世紀の大半の天文学教授」、そしてガリレオ・ガリレイ（一五六五～一六四二）、ティコ・ブラーエ（一五四六～一六〇一）、ヨハネス・ケプラー（一五七一－一六三〇）のような後の卓越した天文学者らが、それを所有していたことを知っている〔62, *pp. 69-71*〕。エリザベス・アイゼンステインは、以後の復古を不要にするという点において——なぜなら一度印刷されれば、古典が失われることは二度とないのだから——、まさに印刷術の出現こそが一五世紀ルネサンスを、それ以前やそれ以後の復古と分かつものであったのだと論じている〔65, ch. 5〕。

しかし、これは印刷術の値打ちを過大評価することであろうか？　長きにわたり印刷術は、他のどの書物にも増して多くの古典の書物を刊行することによって、古典の復活を促したと思われてきた。だが事の成り行きは、逆向きであったのかもしれない。印刷術の成功はマーティン・デイヴィスが言うように、元からあった書籍文化のおかげであったのかもしれない。人文主義者や教養あるイタリア人がこんなに即座に「北からもたらされた革新に」順応できたのも、彼らが「本の活発な取り引きに長い間なじんでいた」からである〔60, p. 53〕。そして実のところ、一四六五年にイタリアに印刷術を持ち込んだ二人のドイツ人、スウェインハイムとパナーツは六年後に破産している。なぜならラテン語古典の彼らの版のための市場が、未だ存在しなかったからであった。印刷業者のリストや図書館のカタログもまた、古典ではなく大衆向けや宗教的な本が、出版市場の大半を占めていたことを示している。例えば、聖書、告解マニュアル、布教冊子、口語で表された歴史や恋物語、オッタヴィア・ニッコリによって研究されることとなる大量に出回った一枚刷りの予言や怪物のパンフレット類〔118〕である。また、旧版の本がしばしば本文が改定されるに先立ち印刷されていた以上は、印刷術がすぐさまより良い版を作り出したというわけでもなかった。一五一五年に中世ラテン語版で初めて印刷され、一五二八年に新たなラテン語翻訳版、一五三八年になって初めて原文のギリシャ語で出版されたプトレマイオスの『アルマゲスト』がその好例である〔62, *p*. 6〕。

ストラスブルクにおける印刷業に関する研究は、人文主義関連の書籍と古典の書籍の割合が一四八〇年から一五二〇年にはそれぞれ一七パーセントと九パーセントであったが、一五七〇年から九九年の間までに一〇パーセントと八パーセントに落ち込んだ一方、同時期に口語で著された書籍と科学に関する書籍はそれぞれ一二パーセントと一一パーセントから二一パーセントと二〇パーセントにはね上がったことを示している〔53, *p*. 298〕。イタリアの都市に関する類似の研究は存在しないが、一四五〇年から一五〇〇年の間に、例えばフィレンツェでの科学的関心に関する書籍の出版は、ドイツの都市の大半より少なく、フェッラーラ、ローマ、ミラノの半分、ヴェネツィアのたった一〇分の一であった〔145, 表, *pp*. 322-50〕。フィレンツェが科学分野において脆弱であったことは、法律や(この時代に聖書がたった一冊だけ出版された)神学がそうであるのと同じく、大方予期されたことである。しかしこの時代にフィレンツェで出版された全書籍について、デニス・ローズのカタログが描き出す光景は、さらにずっと驚くべきものである。イタリアにおける出版ランキングの中でフィレンツェは四位に位置し、ヴェネツィアの三〇〇〇冊、ローマの二〇〇〇冊、ミラノの一一二一冊とは対照的に、一五〇〇年以前に出版されたのは計七七五冊に過ぎない。更に驚くべきことにフィレンツェは、一五〇〇年より前にはキケロ、リウィウス、タキトゥス、またはプリニウスの版を一つも出していない。他と比較検討した場合、ラテン語詩人の作品の刊行はほとんどなく、セルウィウスによるウェルギリウスの注釈書は例外的なもので、アリストテレスの『ニコマコス倫理学』はたった一つの版しか出されていない。その一方で、その他様々なギリシャ語本と同様に、プラトンの初版は一四八四年から八五年にかけて出版され、ホメロスの初版は一四八八年に、また、一四八一年に出版されたダンテの『神曲』に関する見事な注釈書を含めた数多の聖劇や説教、そして口語本がそこにおいて出版されている〔131〕。

しかし出版ランキングにおいては下位に甘んじようとも、フィレンツェ刊行の出版物は、その書籍の内容と印刷の質や芸術的センスの点では卓越していた〔140, *pp. 8-10*〕。セルウィウスの本は、フィレンツェの洗礼堂の装飾壁にレリーフを制作した金細工職人のベルナルド・チェンニーニによって印刷された。またダンテの本には、ボッティチェリの素描を基にした優美なエッチングの挿絵が入れられた。実際には、おそらくボッティチェリがローマに仕事で呼び出されたために、彫刻家とボッティチェリの共作は失敗に終わった。しかし彼は我々に従来看過されていた、「ルネサンス芸術に対して多大な影響をもたらした技術革新」、すなわちルネサンスにおける版画の発明を伝えてくれる。デヴィット・ランドウとピーター・パーシャルがこの主題に関して、彼らの重要な著書で語っているように、凸版印刷と凹版印刷の両方に必要とされた技術的熟練は、多くの芸術家が有していた優れた技術と一致する。彼らが持つ「芸術的作図の才能は、ヨーロッパ芸術における芸術家の芸術的技能の一般的な尺度となった」。木版画は市場の下端に、銅版画は上端に位置すると思われていたが、両者の違いは明確ではなく、一五世紀末までに、デューラーやマンテーニャのような北や南の著名な芸術家による両タイプの印刷物は、東方だけでなくヨーロッパの審美眼を持つパトロンによっても収集されるようになっていた。

本に対する愛や芸術に対する愛というものは、ルネサンス時代を特徴づける二つの情熱であるから、印刷術はやはり、書籍の発行部数のランキングがそれだけで示唆する以上に、この運動に不可欠な要因であったのかもしれない。エラスムスの後援を受けた芸術家の一人としてデューラーは、リサ・ジャルディンにとって、書簡や肖像画、印刷物といった方法でルネサンス文化を循環させた相互作用プロセスの最たる事例となった。この文化を循環させるのに役立つとともに印刷術は、それを積極的に産み出す新たな中心地をも創り出した。ヴェネツィアのアルドゥス・マヌティウスの印刷所〔59; 109〕、バーゼルのアメルバッハ家、またはアントワープのクリストフ・プランタンは、多言語が通じる住居兼工房を作り出し、有能な人材を集めたり思想を拡散させたりしたという点において、それに先立つ宮廷や都市の機能に取って代わった〔65, *pp. 99-100*〕。自らのコミュニケーション・ネットワークを活用し、彼らは無限に拡大可能な文学共和国を創り出した。これは識字率の向上や学問をプロト資本主義者の富や技術に結び付けた、彼らの能力のおかげである。これは世界的なウェブとしての成功が、その使用者のコンピューターリテラシーとともに、富やその生産者の技術的熟練に依拠する今日のインターネットの場合と全く同じである。だがルネサンスを広めた、いま一つの相互作用ネットワークがある。それは劇場であった。劇場はルネサンスの理念の循環がどのようなものであったかを、商業と印刷物のどちらよりも良く例示してくれる。スティーヴン・グリーンブラットの印象的な言い回しによると、それは自己形成過程であり活性化過程に他ならない〔87; 88〕。

16　表象とルネサンスの劇場

スティーブン・グリーンブラットによるとルネサンスの劇場は、芸術作品によって創り出されたエネルギーの蓄積が演者によって観衆へと伝導され、観衆から演者に伝え返される場であったという。この回路の考え方と台本、役者、観衆との相互作用という考え方を結びつけることで劇場は、「商業」と同様にルネサンスの理念を拡散させるためのルートとなった。それはルネサンス運動自体の、有効な比喩をも提供してくれる。この運動は書籍や発見によって生じ、人文主義者と聴衆の流れをその都度切り替えることで循環させられたのである。本章で考察と対象となる、劇場とルネサンス双方と結びつく、いま一つの理念がある。それは、「表象」という考え方に他ならない。イタリア語においてこの言葉はそれ自体としては、役者がそこにおいてある役割りや性格を「表出」したり演じたりする場としての、演劇や出し物を意味していた。それは、演劇が外部の現実から隔てられているという錯覚を創り出すにあたり不可欠なものであった。しかし錯覚とはいえ、マキャヴェリのようなルネサンスの著述家が悟っていたように、観衆に対して力を発揮するために劇作家はそれに頼り、政治家もまた然りであった。それはマキャヴェリが新君主に対し、政治的な成功は外見と現実の相違を操る能力にかかっている、なぜなら「一般的な人間は自身の手でよりも目で判断し」、外見にだまされるものであるからだと助言した通りである〔『君主論』、18章〕〔22, *p. 101*〕。だから役割を演じ仮面をかぶる劇場は、人生自体のメタファーとなる。従って劇場は単純に文書を読むことが示唆する以上に、より複雑な世界、より複雑なルネサンスを理解する鍵を我々に提供してくれるのである。

人生を割り当てられた役割を演じる「世界の劇場」theatrum mundiに例えることは、別に目新しいことではない。それは古典と初期キリスト教の双方に由来し、一二世紀のソールズベリのジョンによって復活した後、一六世紀のイタリア、フランス、イギリスで用いられた。この句は一五九九年にロンドンに開業したばかりのグローブ座の、壁面に刻み込まれている〔57, *pp. 138-44*〕。それに対してこの時代において新しかったこととは、むしろその用いられ方であった。つまりルネサンス時代にこの句が用いられたのは、(ソールズベリのジョンが用いたように)宗教的道徳に目を向けさせるためではなく、純粋に人間の行動や演技についてコメントするためであった。ソールズベリのジョンの時代に、古代にはあったような劇場などというものはなかった。だがイタリアで呼ぶところの聖劇sacre rappresentazioniという宗教的なあるいは「奇跡」を主題とする劇は、聖堂や公共の場において、カーニバルや馬上槍試合、競技会とともに、ギリシャ、ローマの民衆の娯楽であった野外の見世物や競技場に代わる娯楽として演じられ始めていた〔153, *pp. 361-412*〕。アルベルティが

「聖堂、劇場、そして人の手で飾り立てられた全ての建築物」を教養ある人の大いなる喜びの一つと評したが〔37, p.281〕、劇場自体への興味はギリシャやラテン劇の復活に続いて起こった。プラウトゥスの『メナエクムス兄弟』はフィレンツェで一四八八年に上演され、一四九三年頃にソフォクレスの『エレクトラ』がギリシャ語により、フィレンツェにあるバルトロメオ・スカラの屋敷内の古典風のアトリウムにて、彼の娘主演で上演された。これと同じ時期にポリツィアーノがフェラーラとマントヴァの宮廷での上演のために、ギリシャ語劇の『オルフェオ物語』をラテン語に翻訳している。そしてそれが今度は一六世紀に入って、フィレンツェのマキャヴェリ、フェッラーラのアリオストの両名による衒学的喜劇の脚本〔126〕の執筆や、更にはそれらを上演する劇場建設を促進することとなった。

一五八九年には、クリスティーナ・ディ・ロレーナと大公フェルディナンド一世・デ・メディチとの結婚に際し、豪華な祝祭が挙行された。この祝祭はよく知られるように結婚式の伝統を、オペラや戯曲へと変容させた。フィレンツェにある二つの劇場は、三つの異なる演劇を上演するために改築された。それらは「幕間」intermezziが組み入れられ、歌と踊りが驚きと「信じられない壮麗さ」をもたらす、未だかつてない技術的効果と混ぜ合わされた、新たなハイブリッド型の芸術形式であった。それらの効果は後に、最初の「本物の」オペラである、一五九八年上演のペーリとリヌッチーニの『ダフネ』のために、そしてまたマリア・デ・メディチとフランスのアンリ四世との結婚式のために改めて用いられている。メディチ家の劇場はパルマのファルネーゼ劇場や、イギリスのスチュアート朝のために作られたイニゴー・ジョーンズの劇場のデザインに影響を与えた。我々はこの劇場と、後のフランスやイギリスの劇場との直接的な関係を辿ることができる〔137, *pp. 1-2, 182-5*〕。

これらの祝典は一般的な演劇や世界の縮図としての劇場像から、かけ離れているように見えるかもしれないが、ジェームズ・サスロウは民衆が細部に至るまでいかに、その準備やその催しに関わっていたかを明らかにした。大勢の大工や人夫が三年前に落成したばかりのメディチ劇場と、その近くの劇場を改造するのに必要とされ、他の職人たちは衣装作りに駆り立てられた。更には数多くの音楽家が募集されたことに加え、都市中の「多数の観衆」の動員を必要としたであろう馬上槍試合、狩り、行進行列がプログラムに盛り込まれていた。観衆はまるで長い伝統を持つ見世物や路上エンターテインメントででもあったかのように、それらに十分に慣れ親しんでいた〔137, *p. 148*〕。エリザベス一世女王時代の劇場での観衆や演者にも、同じことが当てはまる。それはこれまで述べてきたように、「イギリス・ルネサンスの社会、劇場、演劇を特徴づける多数の変化する階層関係」を反映している〔135, *p. 31*〕。だからシェイクスピアのジャックスが『お気に召すまま』〔2:7〕で述べたように、「この世は全て舞台」という考えは、ソールズベリのジョンの言うような宗教的メタファーとしてではなく、後の一六世紀における劇場それ自体の大衆性に端を発するものであった。このことはオルテリウスの新たな世界地図、一五七〇年出版の『世界の舞台』における劇場のイメージの使用や、トマソ・ガルゾーニの一五九一年出版の職業辞典『世俗の種々技能の劇場』（明らかに、これより前の一五八七年出版の『全ての世俗職業の要覧』の「商業界」のように、見世物を意味する）から見て取れる。

だが我々はこのメタファーの意味を十分に解き明かすために、フィレンツェのような都市の大衆の伝統的行事としてのカーニバルに立ち戻らねばならない。例えば、フランチェスコ・ヴェットーリが一五一三年にマキャヴェリへの手紙で演劇のイメージを用いたとき、彼の頭にあったのは劇場ではなくこうしたカーニバルであった。己れが今やむしろスイス人たちの思いのままにされてしまっていることを悟るに及んで、征服者であるフランス人たちが敗戦した際にミラノ公が感じた解放感が、幻滅へとあっという間に転じてしまったことを記述するためにヴェットーリは彼を、「夜が明けるに従って、以前そうであった自分に戻らなければならないことについて思いを巡らす我らが謝肉祭の王」と比較したのであった〔21, *p. 284*〕。同じ頃フランチェスコ・グイッチャルディーニもまた、人生を「喜劇や悲劇」として描くために、ロール・プレイングのイメージを用いた。そこでは「使用人の役割を演じる人よりも、高い位置の主人や王の役を演じる人が評価されるわけではない。大事なことは単に、誰が見事に演じているかということなのだ」〔格言集216〕〔18, *p. 174*; 19, *p. 97*〕。

したがって演技や仮面のイメージには、フィレンツェのような都市では政治的な含意があった。フィレンツェのような都市では二、三か月後に市民の立場に戻った時に「仮面を脱ぐため」だけに、市民はその身を官職や兵役の礼装で着飾ったのである。早くから仮面をかぶることのイメージは、欺瞞や隠蔽をも含意していた。なぜなら一見、都市生活は開放的であるにもかかわらず、儀式化された式典は、外国勢力へ二重のメッセージを伝えることのために意図的に用いられたからだ。勝利の祝典は時に中止になったり、時には親善を装った印象を創り出すために推進されたりした。それは「絹や金で仮装し、裕福で力のあるように見えるが、その仮面と衣服を脱いだら……以前と変わらない人のよう」である〔151, pp. 285-6〕。この騙しの要素は仮面劇、ルネサンスの幕間歌劇の「変装」にも存在していた。またシェイクスピアの劇の登場人物の多くには服装の倒錯や両義性がある点で、騙しの要素が存在している。彼の劇の登場人物は役割や性別が変わるだけでなく、キアーナン・ライアンが呼ぶところの、「言葉遊びや度を越して本題からそれる多義表現というとりとめのない空の旅」を行う〔135, p. 119〕。ではこれが人生劇場であるならば、ルネサンス時代の実生活についてそれは我々に何を伝えてくれるのだろうか?

それが我々に伝えてくれることの一つは劇場や、とりわけ宮廷のような公に人々が晒される場において、演劇的ふるまいがいかに重要であったかということである。教皇宮廷に伺候するあるフィレンツェ人はいかにしてローマでの生活が、「この聖なる宮廷の眼前で」演じられたのかを記述している。また後にグイッチャルディーニは「もしあなたが君主の宮廷に頻繁に出入りするのであれば、あなたは常に自分を見失わないようにしなければならない〔格言集94〕」と書いている〔19, p. 65〕。つまりグイッチャルディーニが認めるようにこれは二面性を意味し、中身よりも外見をより重視しているということに他ならない。彼は名声やキャリアを増進させるのに役立つものであるがゆえに、若い頃に「演奏、踊り、歌といった他愛もないことを」学ばなかったことを後悔していると述べている。というのもそれらのものは、「人を実際よりもより華やかな存在に見せかけてくれるものだ〔格言集179〕」からだ。〔19, *p. 86*〕。自己認識や自己構築はペトラルカからピエトロ・アレティーノに至るまで、ルネサンス時代を貫くテーマである。アレティーノは自身を上手く宣伝しただけでなく、他者の不道徳を暴きもした。彼は印刷術を獲得した新たな世界の中で宗教パンフレット、脚本、わいせつ文書等々売れるものなら何でも書いたので、「最初の宣伝マン、最初のゴシップ・コラムニスト、最初のジャーナリスト」と呼ばれてきた。彼はルネサンス性愛術の名高い手引きたるジュリオ・ロマーノの『一六の愉しみ』を解説するための、ソネットを書いた。また彼は、画期的かつ率直な性表現を含む『対話』を著している。この『対話』における対話形式や皮肉の使用に対しては、未だに今日の批評家もそれらをどう解釈すべきか確信を持つことができない〔72, 第2章〕。

劇場と現実生活の類似は、ディコンストラクション理論という文芸技法が、今日我々が考える以上に歴史家と関係していることを示唆する。なぜなら詩や対話は、ホモセクシュアルに関するもののように、型にはまった規範的な文から除外された〈その他の声〉を吐き出すのに向いていたからだ。ホモセクシュアルに関する書き物のように、これまで抑圧されだが広く普及した文化は、注意深く解読された詩や法的文書を通じ復元されつつある〔75, 特に*pp. 84-106; 132*〕。同様のことは、同じく見出すのが困難な女性の声についてもいえるだろう。これも、それがたとえ女性によって書かれたものでなくとも、文学や法的資料から復元され得る。例えばロレンツォ・デ・メディチの『ヤコポ』〔23, *p. 609*〕は、男性が結婚するかしないかを決めることができる一方で、女性は「常に他人の意のままとなる」ので、結婚において「女性に大きく不利で、男性に大きく有利であること」を論じている。これはもうシェイクスピアの『オセロ』での、結婚につきものの不当さに関しエミリアが行った、「痛烈で熱のこもった」スピーチとほとんど同じである〔135, *p. 89-90*〕。マキャヴェリやアレティーノの著作が一五六四年のトリエント公会議の禁書目録に指定されたのに対し、シェイクスピア劇中の女性や道化師が口にする人騒がせな嘲弄の言葉は、それを抑圧することが、いっそう困難な類いのものであった。だからもし「全世界が」仮面を被り、正体を混乱させて回る「舞台である」なら、我々が最近まで信じ込ませられてきた以上に、それらが映し出す世界はずっと豊かで複雑なものである。

仮面と変装という言語から劇場の比喩は我々に、表象が政治的機能をも持つことを気づかせてくれる。特にフィレンツェのような共和政の都市では、市民が公職のために自身に仮面を付けたり外したりし、欺瞞に満ちた公的式典が政治の遂行に不可欠であった。人は外見に騙されるので、彼らは支配者によって容易に操られてしまうのだと示唆した時マキャヴェリは、それらの政治的機能を十分に心得ていた。チェーザレ・ボルジアによって操られてしまったチェゼーナの人々が、その好例である。ボルジアが彼の評判の悪い隊長を「一刀両断」にし、「その死体をそれがなおもそこに残っている広場に」晒したとき、「全ての人々がそれを見ることができた」。この見世物が伝えるメッセージとはすなわち、ボルジアが「彼の意のままに、人をいかようにも処分する術を知っている」ということに他ならなかった〔128, *p. 119*〕。その他の権力の表象として例えば帝国の鷲の紋章、聖マルコのライオン、フィレンツェのマルゾッコなどは残忍さはないが、祝典行列や新たに征服した街へと君主が入城する際に、君主の偉大さを意味するものとして支配下の都市で公に飾られると、実に効果的なものであった。

つまり劇場や「表象」のイメージには、多くの様々な含意があるのである。それはルネサンス文化のテーマとしての自己構築やうわべを飾ることの重要性を裏付けるとともに、世界の縮図として多様なタイプの人間や彼らの変化する能力を描き出す。エネルギーが著者や演者から聴衆へと伝達されまた伝達され返す場として、商業と同様に劇場もまた、演者と聴衆との間――商業の言葉で言うと生産者と消費者の間の相互的交流のための回路としての機能を果たしたのである。しかし人々の信じやすさが巧みに操られてしまうという点で、政治的機能は必ずしも交換の相互的プロセスであるとは言えないと我々は気づかされる。ロジェ・シャルチエが言うように、表象に関する政府や国家のシステムは決して政治的に中立ではなく、マキャヴェリそして後には一七世紀フランスでパスカルが言い表したやり方で、権力を行使する側のために役立っている〔51, *pp. 5-9*〕。本書一三章は、「パトロネージ」というよりも「商業」としてルネサンス文化の相互的循環を記述することの利点を論じた。パトロン（padrone）や政治上の権力者の影響力について論じるにせよ、マエケナス（ウェルギリウスのパトロン）の文化的な委託力について論じるにせよ、パトロネージという言葉は一方向プロセスというニュアンスになるからだ。しかしながら我々は今や、その限界がわかるより有利な状況にいる。新たな文化的運動における対等なパートナーとしての読者や聴衆の活発な役割を強調することが現在流行しているものの、彼らは人文主義者や政治家の文化的プロパガンダにさらされてもいた。これらの人々が促進した言語やイメージが、文化的帝国主義のニュアンスでシャルチエが指摘するような、「表象のシステム」を形作ったということは確かなことである。これらの対照的な「構築的かつ非構築的な」アプローチは、互いに調和できるのだろうか。それを考察することが結びの章の主題に他ならない。

第5部　評　価

17　ルネサンスの非文明化

先行する諸章をざっと駆け足で通り過ぎた結果、私が冒頭ルネサンスの情熱と呼んだ主題や理念へと再び立ち戻って来るに至った。こうした主題ないしは理念は、そこにおいてそれらが発展したより広い社会経済的環境との関連づけを通じて、その整合性を獲得するものであるかのように思われる。自己構築、教養、そしてコミュニケーション力は、黒死病後の時代を生きる都市のエリートや宮廷の貴族だけでなく、成り上がりの「新参者」――ロジャー・アスカムが呼ぶところの「下賤な輩(やから)の子供たち」にとってもまた貴重な資産であった。こうした新たな諸理念に対しこの実に混然一体となった人間集団によりなされた応答こそが、これらの新たな諸理念を新たな文化へとつくりかえていったのである。一方、物品と所有の分野における消費者主導の好景気こそが、旧世界を拡大し変化させることを押し進めた。「商業」は事物や革新的な考えの最も広い意味において、ルネサンス文化の生産や循環の有力なメタファーを提供しているように思われる。しかし一見没価値的なこうした新たなメタファー用語をよそに後ろから忍び寄る、一九世紀風の確信に満ちた進歩信仰に危険はないのだろうか？　一四九二年の新大陸発見と、一九九二年にその五〇〇周年をきっかけに刊行されたその再検討を論じる書物の双方に立ち戻ることが有用であろう。なぜならそれらは、消費主義の言語から免れたルネサンスの価値評価の批評を提供してくれるからである。それらは、このいま一つのルネサンスについての先立つ再検証において私が論じたように、それに続くことの出発点として、負けず劣らず豊かだがずっと洗練さに欠けたルネサンスというものを提唱する〔36〕。

西洋の帝国主義と覇権の表徴として「所有」や「征服」を読み解くことに対して、昨今提起された警鐘にもかかわらず〔35, p. 57〕、一四九三年以降に刊行された発見についての通俗的説明が、ルネサンス文化の凱旋史観に貢献していること論を俟たない。一四九二年八月三日という日はクリストファー・コロンブスがアメリカに向けて出港した日として名高いが、それは不名誉にもスペインからのユダヤ人追放の翌日であった。その結果コロンブスは「ユダヤ人を乗せた船」で混雑するカディスから出港せずに、より便の悪いパロスの港から、二流の船乗りとともに出港するよう強いられたのであった。同年にカスティーリヤ語の文法書が初めて出版された。ラス・カサスはこの新たな「規則化された」言語で、コロンブスが方言で記した航海記を書き直した。その結果我々は、新旧世界の最初の会話が実現したアラビア語からかなり引き離されてしまうこととなった。従って一四九二年という年記は、「新世界」の誕生や近代の誕生を指し示すだけでなく、中世スペインや旧世界の豊かな多言語文化の終わりをも示す年記ともなっているのである。

マリア・ローザ・メノカイによる一四九二年の出来事の記述は〔112〕、文明化の過程や世界と人間の発見に伴う犠牲、残虐行為、不作法を我々に思い起こさせる。グリーンブラットのように我々も、領有宣言を行い（それもスペイン語で！）王旗を掲げた時、彼に対して「誰からも異議を唱えられるようなことはなかった」〔86, p. 52-60〕ということに基づく、コロンブスによる領有権の主張の不適切さを指摘することもできるだろう。また我々は、決まった時間に食べず、地面に寝そべり、「テーブルクロスやナプキン」を使わないという彼らの「最も野蛮な風習」と食習慣のことで、南米の先住民を非難したアメリゴ・ヴェスプッチの見せた西洋人の偏見を、冷笑することもできる〔文献37〕。確かにこれはルネサンスのマナーの手本とも言える「テーブルにつき、最も素晴らしいアンティークの食器から……古代世界の人のように食べた」ニッコロ・ニッコリの姿とは、大きく異なっている。それらの事例はルネサンスの〈文明〉の限界を、白日の下に暴露する。「古代の復活」の重要性もまた、ホセ・デ・アコスタのような、グィッチャルディーニのような学識者の経験自体により、大いに割引されてしまうこととなる。アコスタはそこにおいて熱気により焦げてしまう代わりに、「私と私の同行者たちは寒気を感じた」という事実を見聞することによって〔83, p. こ〕、赤道地帯（の気候）について間違っていたことにつき、アリストテレスを嘲笑するよう導かれたし、同様にグイッチャルディーニによれば、同時代の発見の航海によって「古代人たちは、多くのことにおいて騙されていた」ことが証明されたのである。

イタリア・ルネサンスを規定する変わることなき特徴の一つは、再生として自身の時代にかかわる自己像であった。だが今やそれにより自身についてのある見方に過度に肩入れし、それを歪めてしまった廉（かど）により、そしてまた自身の最も望ましくない側面を野蛮なる〈他者〉に投影しているという廉により、まさにこの自己像自体が攻撃の矢面に立たされるに至っている。新たなルネサンスは、危険で扱いの困難な文献をも包摂するようなものでなければならない。そうした危険で扱いの難しい文献とはすなわち再発見されたものの、ルネサンスの高尚な自己についての見方に合致しないため、周縁に追いやられてしまったような文献のことに他ならない。こうした文献はあまり「洗練されて」いないが、それでもなお豊かで革新的な文化を定義するための、貴重な出発点を提供し得る資料である。この出発点はまさに、ニッコリの「小綺麗」で洗練されたテーブルマナーと、新世界の「エピクロス風の」のらくら者や食人種のいささか怠惰なそれとの対比により提供される。〔アメリゴ・ヴェスプッチが彼のパトロンであるロレンツォ・デ・ピエロ・フランチェスコ・デ・メディチに伝えたところによれば〕彼ら新大陸人の淫乱な振る舞いは、彼らの仲間の中から幾人かの去勢者を生み出さずにはすまないほどであった〔文献37〕。我々はヴェスプッチの伝える情報の正確さに異議を差し挟みたいところではあるが、ともあれ彼は肉体に関する人文主義的視点の限界を指摘してくれる。つまり魂だけが自由であって、肉体自身は「精神が動き回るための荷馬車の一種」としてのみ働くという見解のことに他ならない。

　ネジェミーが述べているように〔115, *p.* 255〕ルネサンスは、ルクレティウスのそれの如き文献の発見とも相まって、それらの持つ恐怖と空想に形を与えることにより、新世界の発見がその克服の助けとなったような、人間の身体の「通常の生活」に関する「懸念の深さ」を思わず露呈させてしまっている。そしてこれらの発見はジョナサン・ソウディーが言うところの、「解剖の文化」や「探究の文化」を生み出すこととなった。このような文化は手術台という顕示的なルネサンス劇場で働く外科医と同様に、詩人や著述家たち、さらには芸術家や死刑執行人までも巻き込むものであった。彼らは一緒になって彼等を取り巻く世界を、すなわち最も広い意味でのルネサンス文化とのその連関性を、つくりかえていたのである〔138〕。パドヴァの外科医マッテオ・コロンとジョン・ダンの両者に「私のアメリカ、私の新たに発見された地、私の王国、一人の男を乗せた最も安全な場所」として、恋人の肉体のイメージを提供したことにより、そしてまたトーマス・ブラウンには、「なぜなら、我々が嫌悪するものは、我々の奥深くにあるからだ」という語とともに、人食い人種がそれ自体をむさぼり食らうものとしての肉体のイメージを提供することによって、新世界はこうした身体言語に独特の貢献を行うこととなった。そしてまた先に見たようにアメリカは、彼の時代のフランスに生じているような人間の拷問と更には人間嗜食（フランス宗教戦争）と比べ、（新大陸に見聞されるような）生き延びるための人食いの方がずっとましであるという〔文献36〕、ミシェル・ド・モンテーニュの文化相対主義的批評をも生み出すに至っている。つまりカニバリズムとは、人間と動物の境界線を不分明にすることにより新大陸がそれを希薄化してしまったような、そのような強力なタブーの一つであったのかもしれない。

肉体のように動物は、常に人間の行動のメタファーを提供してきた。ゆえにイソップ寓話の中において動物が博した人気を、ルネサンス時代の動物に対する真に新たな態度と区別するのは困難なことだ。にもかかわらず、王侯のための新たな男性像であるとしてケンタウロスをマキャヴェリが称賛したことは、人間と動物の境界が取り除かれたことを示唆するものである。ルイジ・グイッチャルディーニの蜂に関する寓意についても、同様のことが言えるだろう。そこでは彼は、アラゴン王のフェルディナンド二世の艦長のジェルバ島での最近の経験を、いかにすばやくヒヒが人間の行動を「まねた」のかを例証するために用いた。モリスコとの戦いへ向かう途中に数匹のヒヒの前を通り過ぎた後、帰途に彼はさらに多くのヒヒが集まっているのを発見した。それらのヒヒは、「明らかに歩兵隊の槍をまねて肩の上に長細い小枝を付けて、隊列を組んで皆まっすぐ立っていた」のである。

ルクレティウスのような古代の文献の再発見もまた、人間性に関するこの新たな「非文明的」視点に寄与した。なぜなら彼の評判は高いが危険な詩『事物の本性について』において、宗教的迷信を非難することによりルクレティウスは、心も魂もそれなしでは生きることはできないと肉体の重要性を強調するだけでなく、さらに重要なことに、人間の動物からの進化に関するダーウィンに先行する記述をも提供しているからである。こうした記述はピエロ・ディ・コジモの絵画が例示するように、『創世記』における創造に関するキリスト教的説明が示す以上に、人間を動物により近いものにしてしまっている。ポッジョ、スカラ、そしてマキャヴェリのようなルネサンス時代の彼の崇拝者にとってと同様に、ルクレティウス自身にとっても「文明社会」とは、決して黄金時代といったようなものではなかった。そして紙と印刷といったその恩恵は、「全てを殺し、地、空、海に住む何でもむさぼり食べる」という人の懸命な働きと残虐さを通して達成されたのである。

このより幻滅に満ちたルネサンスを描き出す別の文献は、フランチェスコ・ヴェットーリの筆になるほとんど世に知られていない『ドイツ旅行記』である。これには彼が旅行中に聞いた物語、娯楽、会話への言及が含まれている。この日記は、新たな個有の見解を創出するにあたって、小説的経験や再発見されたテクストと並んで、一六章に記述されたようなルネサンス劇場の多声性の重要性を描き出している。あまりにどうでもよいことばかりを書き綴っていると彼の兄弟に酷評されたヴェットーリは、神学者の文書に始まり、法律家や雄弁家、詩人のそれに続き、最後には歴史家のそれに至るまで、全ての書き物は有害であるという我々を不安に突き落とすような省察をもってこれに反論した。彼のこうした有害な書物のリストにはポリツィアーノ、ポンターノ、そしてクリニートといった等しく崇拝されている同時代人の名とともに、崇敬措く能わざるプリニウスに加えアウルス・ゲッリウス、マクロビウス、アプレイウスといった確かに「多義的な曖昧さをもつ」著述家が含まれている〔29, *pp.* 38-42〕。多くの興味深い出会いやドイツの劇について語った後、日記は、全ての娯楽は良きことと悪しきことの原因にもなるのだという文化相対主義者的結論を伴った、賭博に関する議論を記述することで締めくくられている〔文献38〕。

ヴェットーリの世界に関する懐疑的で文化相対主義的記述の構成要素は、新世界関連の文献に取り上げられた「非文明化された」ルネサンスや再発見された古代の文献の構成要素のように、伝統的なルネサンス観を形作ってきたものと決して異なるものではない。それは新たな文書、新たな発見、新たなイメージと新たな言語を媒介として、自分自身と己が生きる世界を再構築する衝動を提供する新たな人間である。本書の諸章において議論された近年の省察は、ルネサンス時代のたとえ文明でないとしても、独特な文化というものを了解する、より批評的ではあっても負けず劣らず積極的な解釈法を提供してくれるものなのである。

第6部　史料

以下は、他に明記されていない限り、訳者による翻訳である。可能な場合は、全文が参照できる参考文献を記す。

復活の言語

〔史料1〕黄金時代の復活

我々のプラトンは『国家』において、遠い昔に詩人によって記された鉛、鉄、銀、そして金の四つの時代を、知力の差による人間の分類に対応させた……だから、もし我々がいずれかの時代を黄金時代と呼ぶことになるとすれば、それはこのように素晴らしい知識人たちを多く生み出している我々の時代に違いない。その証拠は、この時代の発明によって提供される。なぜならこの一世紀は黄金時代のように、ほとんどの消滅していた自由学芸を復活させたからだ。文法、詩、修辞、絵画、彫刻、建築、音楽、オルフェウスのリラに合わせて歌う古代の歌、これら全てがフィレンツェにある。古代人によって尊ばれた二つの才能は、ほぼ完全に忘れ去られてしまった後に、我々の時代に再結合された。それは雄弁さを伴った知恵、剛毅を伴った思慮深さである。この最も顕著な例はウルビーノ公フェデリコである……そしてあなたもだ、天文学を完成させんとする我が親愛なるミデルブルクのパウル――そしてフィレンツェ、そこではプラトンの教えが暗闇から光へと呼び戻されたのだ。我々の時代のドイツでは、本を印刷するための機械が発明された。そして言うまでもなくフィレンツェの機械（天球儀のこと）は、日々の天体の動きを指し示してくれる。この機械によって天体の運行表が作られ、言うなれば、一時間で一世紀分の天体の全貌を明らかにしてくれるのだ。

マルシリオ・フィチーノからミデルブルクのパウルへ、一四九二年、『全集』、バーゼル、一五七六年、トリノで再刊、一九六二年、p. 944（改訂版では974）;cf [1], pp. 79-80。

Marsilio Ficino to Paul of Middelburg, 1492, *Opera omnia*, Basel, 1576, reprinted Turin, 1962, p. 944 (974 in revised edition); cf [1], pp. 79-80.

〔史料2〕 文芸の復活

幾世紀もの間、古代の我々の祖先によって見事に理解され修練されていた崇高な芸術は、従来あまりにもなおざりにされてきた。そのためにあまりにも不毛で、栄誉もない恥ずべき状態にあった……ジョット以前の時代、絵画は死に絶え、人物画は滑稽を極めたものであった。だが彼によって取り戻され、彼の弟子たちによって維持され、他の者に伝えられた結果、絵画は今や多くの者によって擁護される最も価値ある芸術となっている。彫刻や建築に関して言えば、長い間馬鹿げた奇怪なものが生み出されていたが、我々の時代には光の当たる場所によみがえり、多くの巨匠によって清められ完全なものとなったのである。文学と教養教育については、言葉足らずになるよりも何も述べないに越したことはない。一〇〇年以上の長きにわたり、全ての文芸の指導者や真の名人であったはずの人々は看過され、文学の真の知識を持つ者や最低限の要求を満たす文体で文章を書くことができる者は、誰もその存在を認知されていなかった。その結果、紙に書かれたり大理石に彫られたりしたラテン語の全ては、本来そうあるべきものに比し子供だましのようなものになってしまった。しかし今日我々は、文学の父であり文学に光彩を添える人として世に送り出されたアレッツォのレオナルド（ブルーニ）を見ることができる。彼の優美なラテン語はまばゆい光を放ち、人類にラテン語という甘美な実りを取り戻したのである。この理由から知識人の誰もが、過去一〇〇〇年間のどの時代よりも、より華麗に花開く芸術に浴するこの時代に生まれたことを神に感謝すべきである。

マッテオ・パルミエーリ、『市民生活論』、G・ベッローニ編、フィレンツェ、一九八二年、pp. 43-4。
Matteo Palmieri, *Vita civile*, ed. G. Belloni, Florence, 1982, pp. 43-3.
（邦訳『原典 イタリア・ルネサンス人文主義』第一一章、池上俊一監修、名古屋大学出版会、二〇〇九年。）

〔史料3〕 政治と文学の復活

ラテン語はキケロの時代に最も花開き、最も完成の域に達した。それ以前には未完成で、不明瞭かつ洗練を欠いたものに過ぎなかった。しかしそれは少しずつ上昇を開始し、キケロの時代にその頂点に達したのである。だがキケロの時代以降、それまで登り調子だったものが下降し始めた。そしてそれは程なく、下降のどん底にまで沈んだ。ある者は文学やラテン語の研究は、ローマ共和国と手を取り合って進んできたと言う。キケロの時代までそれらは向上していたが、ローマの人々が皇帝（彼らは卓越した人材を殺し、うち滅ぼすことを思いとどまることさえなかった）の支配の下に自由を失ってから、学問や文学の歓迎すべき状況は、ローマの都市の良好な状態とともに消滅したのである……なぜ私がこのことに言及するのか？ それはただ学問やラテン語が、ひねくれた非道な皇帝によって破壊されたローマの都市と同じく、破壊と下降に苦しんだことを示さんがためである。その結果結局ラテン語を知る有能な者は、ほとんど見出せなくなってしまった。それからゴート人やランゴバルド人が、イタリアへ入り込んできた。彼らは文学の知識を消滅させた野蛮な外国勢力であった。このことは、これらの時代に作られ、書き写された文書から明らかである。それらの文書は、想像を絶するほどに粗野なものだ。二四〇年にわたってイタリアを占領してきたランゴバルド人の追放の後、イタリア人が己が自由を回復した結果、トスカーナ地方やその他の地域で都市が復活し始めた。人は再び学問を再開し、彼らの粗野な筆致を洗練させ始めたのだ……フランチェスコ・ペトラルカは、失われ消滅していた古代の優美な筆致を認識し、それを取り戻すのに十分な才能を持った最初の人物であった。

レオナルド・ブルーニ、『ダンテとペトラルカの人生』、一四三六年、H・バロン編、『人文学――哲学著作集』、ベルリン、一九二八年、p. 66; [12] に訳掲載、pp. 75-7。
Leonardo Bruni, *LeVite di Dante e di Petrarca*, 1436, ed. H. Baron, *Humanistisch-philosophische Schriften*, Berlin, 1928, p. 66; trans. in [12], pp. 75-7.

〔史料4〕 絵画と彫刻の復活

彫刻や絵画といった芸術は、古代ローマの一二人の皇帝たちの最後の一人の死までは行われ続けていたが、以前のような卓越した質を維持することはできなかった。彼らが建てた建築物から、皇帝の代替わりにつれて、次第にデザインの完璧さが完全に失われてしまうに至るまで、芸術は日に日に衰退していったことが知られる……しかし運命というものは、それが神の戯れなのか贖罪なのか、たいてい彼女が運命の輪の頂点にまで引き上げた存在を底にまで突き落とすものだから、私が記した出来事に続いて、ほぼ全ての辺境蛮族が世界の至る所でローマ人に対する蜂起に及んだのである。彼らは短期間で広大なローマ帝国を破壊しつくしただけでなく、それとともにローマ自身、そしてローマとともに、全てのローマに仕える才能ある職人、彫刻家、画家、建築家たちをも殺してしまった。その結果彼らとともに芸術そのものも、最も名高い都市の哀れな残骸の中に、葬られたままにされてしまった……その後一〇一三年に生じたあの美しきサン・ミニアート・スル・モンテ聖堂の再建は、建築が以前の力強さをわずかながらも取り戻したことを示したのである……こうした始まりから、芸術やデザインはゆっくりとトスカーナ地方で復活と繁栄を開始したのだった。

おそらく私はこの場において彫刻と絵画の起源のことを、必要以上に論じてしまったようだ。しかしながら私がそうしたのは、私が芸術に対する愛に我を忘れてしまったからというわけではなく、我々の芸術家たちに益し、彼らを助けるために何かを言ってみたかったからだ。如何にして芸術がささやかな始まりからその高みに登り詰めるべく発展し、その後逆に気高い高みから荒廃へと転落したかを目の当たりにしたことにより、生まれ、育ち、老いて死にゆくという点で人間の肉体に例えられるその他の技芸の如く、彫刻や絵画の再生が生じた過程というものもより容易に理解されるだろう。

ジョルジョ・ヴァザーリ『画家・彫刻家・建築家列伝』、総序、(27) pp. 32-47。
Giorgio Vasari, Le vite, preface, cf. [27], pp. 32-47.
(邦訳　ジョルジョ・ヴァザーリ『美術列伝』第一巻、森田義之ほか訳、中央公論美術出版、二〇一四年。)

ペトラルカ、著述家そして詩人

〔史料5〕キケロに対する態度の変化

フランチェスコから彼のキケロへ挨拶申し上げる。長い間懸命に探していたところ、私が全く期待していなかった所であなたの手紙を発見し、私はそれらを貪るように読んだ。私はあなたが多くの物事を論じ、多くの物事を嘆き悲しみ、多くの物事について自身の意見を変えてきたことを見聞してきた、マルクス・トゥッリウスよ、以前より他の者の師としてあなたのことを見知ってきたが、今やついに私はあなた自身を知るに至った、マルクス・トゥッリウスよ……ああ、落ち着きなく常に不安を抱える人よ、いやむしろ、あなたの言葉で言えば、「ああ、直情的で不幸な老いぼれよ」（オクタヴィアヌス宛書簡集六）、そんなにも多くの論争や無用な敵意を通じあなたは、いったい何を成し遂げたかったのか？　あなたの年齢や職、身分にこんなにも似合いの余暇をあなたはどうして手放したのか？　どんな偽りの栄光の輝きが、年老いたあなたを未熟な争いに巻き込み、あなたを運命に翻弄される者にした後、あなたを哲学者には不似合いな死へと導いたのか？……友よ、私はあなたの末路を嘆き、あなたの誤りに対して恥ずかしさと哀れみを感じる。そしてブルータスとともに「私は、あなたがそれほどまでに熟練しているというそれらの技術を、無価値であるとみなす」（キケロ、ブルータス宛書簡集一、一七、五）。確かに、他の者を教えることは何の役に立とう、自分自身に耳を傾けることもできていないのに、美徳について演説することが何の役に立とうか？　ああ、特に哲学者にとって、公職を持つこともなく、偉業を熱望することもなく、カティリナ一派について声高に自惚れを述べることもなく、あなた自身がどこかで言ったように「このこんなにも儚い人生ではなく、永遠の生について」「瞑想しながら」、田舎で平和に年老いていくことができたらどんなにか良かっただろうか（キケロ、アッティクス宛書簡集八）！　だが今やこれら全ては無駄になってしまった。さようなら永遠に、私のキケロ。あなたが知ることのなかった神の生まれた年より一三四五年目の六月一六日、イタリアのパドヴァの向こうに位置する都市ヴェローナで、アディジェ川の右岸にて、生者の世界より。

フランチェスコ・ペトラルカ『親近書簡集』二四巻、三、『散文』グイド・マルテロッティ編、ミラノ／ナポリ、一九五五年、pp. 1022-4; モリス司教訳『ペトラルカからの手紙』、ブルーミントン／ロンドン、一九六六年、pp. 206-7。

Francesco Petrarch, *Familiarium Rerum Libri*, xxiv, 3, *Prose*, ed. G. Martellotti, Milan and Naples, 1955, pp. 1022-4; trans. M. Bishop, *Letters from Petrarch*, Bloomington and London, 1966, pp. 206-7.

（邦訳　ペトラルカ『ルネサンス書簡集』近藤恒一編訳、岩波書店、一九八九年。）

〔史料6〕　愛と詩

　突然消された光のようではなく
彼女の魂はこの世の住みかを残した。
彼女は清らかで明るい小さな炎のように消え入った
　緩やかに小さくなる炎のように、
低く衰えながらもその性質を保ち、その源が使い果たされるまで自身を使い果たす。
　青黒く淡いというよりも、雪よりも白く
穏やかな天気に満ちた丘、
死の間際にある衰弱だけを彼女は見せる。
　彼女は眼を閉じた、甘いまどろみの中で横たわり、その住まいから彼女の魂はそっと去った。
恐怖に縮こまるのは愚かだ、これが死であるなら、

彼女の愛らしい顔では死も愛らしく見えたのだから

フランチェスコ・ペトラルカ「抒情詩集」モリス司教訳、『ルネサンスの横顔』ジョン・ハロルド・プランブ編、ニューヨーク、一九六一年、pp. 11-12。

Francesco Petrarch, *Canzoniere*, trans. M. Bishop in *Renaissance Profiles*, ed. H. H. Plimb, New York, 1961, pp. 11-12.

（邦訳　ペトラルカ『カンツォニエーレ——俗事詩片』池田廉訳、名古屋大学出版会、一九九二年。）

フィレンツェとルネサンス

〔史料7〕フィレンツェの繁栄

（フィレンツェが近隣諸都市よりも繁栄している）一つの理由は、以下のようなものである。フィレンツェという都市は、元々荒涼として不毛な地域に位置しているのだから、どんなに頑張ってもその住民が食べていくのに十分な量の食糧を供給することはできない。さらに、この地域の穏やかで繁殖に適した気候のために、人口は大きく増加しているので、しばらくの間フィレンツェ人たちは重労働によって、この肥大した人口を養わなければならなかった。だからこれまでかなりの間、彼らはフィレンツェに戻るに先立ち富を築くために、海外に出かけて行った……キリスト教国も異教徒の国もふくめ世界中で、全ての王国を旅してまわることで、彼らは世界の他の国々の慣習を目にし、地域を問わず手本になるものを選び、彼らが気に入ったものを採り入れていったのである。これらの慣習に慣れ親しんだ結果、彼らは見たい、そして獲得したいという更なる欲望で頭がいっぱいになってしまった。一方が他方への欲求を高めていった結果、商人でない者、世界を探検して異国の人々を見ていない者、そして故国に富とともに戻ってこなかった者は、人間の屑とみなされた。そして、この見たい、獲得したいという欲求は彼らの心を大いに刺激したので、しばらくの間、彼らはこのために生まれてきたかのようであった。世界に類を見ないほど才能に恵まれた者たちの数が多く、彼らは有能かつ富める者として行動したため、無限に彼らの財産を増やし、地位を得ることが可能となった。他方フィレンツェと比較して気候風土においてより豊かでより裕福であるにもかかわらず、獲得の更なる手間を惜しみ、彼らを満足させるに十分な量の富に甘んじたのが彼らの隣国であった。

グレゴリオ・ダーティ『フィレンツェの歴史』ノルチャ、一九〇四年、pp. 59-60。
Gregorio Dati, *Istoria di Firenze*, Norcia, 1904, pp. 59-60.

〔史料8〕 前衛思想家たちの行動様式

彼らの大いなる知識によって大衆に感銘を与えるために、彼らは広場で古代人たちはいくつの二重母音を有していたか、そしてなぜ今日ではたった二つしか知られていないのかを声高に論じる……修辞学に関しては、彼らは優れた雄弁家は何人いたか算出することを愛し、修辞学それそのもの自体は大したものではないが、人間にとって生まれついてのものであると主張する……算術は、取引の勘定書に記入する財産を蓄えることを可能にする守銭奴の技であると彼らは言う……彼らは幾何学を嘲る……彼らは、音楽とは甘言で喜ばせるための道化師の技であると言う……占星学は、占い師をまどわせる嘘の技である……彼らにとっての歴史とは、ニヌスの時代以前に失われたどれほどの歴史的世界があったのかどうか、そしてティトゥス・リウィウスがいくつの巻を書いたのか、それらはなぜ全て発見されないのか、歴史家はどんな間違いを犯したのか――ワレリウス・マキシムスの歴史書はあまりに短く、リウィウスの作品は途中で途切れ、年代記は冗長すぎる――といったことをおよそもっともらしく議論するくらいのものである……彼らによると詩人は寓話を書き、作り話や空想で若者を堕落させているという……彼らは、アリストテレスをプラトン以外の哲学者たちの王であると称した聖アウグスティヌスの言葉を引用することで、プラトンはアリストテレスよりも優れた哲学者であると言い立てる……道徳哲学には以下のように反応する。ああ、トゥッリウス・キケロの『義務について』における考察はなんと素晴らしいのか！……彼らは家政学については何も知らないが、正式な結婚生活を軽蔑し、いかなる規範もない狂人のように暮らしている……政治に関しては、君主政治、寡頭政治、多数に開放された民主政治や選ばれた一部エリートによる政治、それらの中でどの政治体制がより良いのかということが彼らは全く分かっていない……宗教哲学については、彼らは異教徒の信仰に関するウァロの洗練された数多くの著書を大いに称賛し、ひそかに我々のカトリックの教父のそれよりもウァロ著作を好んでいる。そして、我々の聖人の奇跡を蔑ろにし、大胆にもこの信仰よりもそれらの思想はより確かであると言う。

チーノ・リヌッチーニ「悪口雑言」A・ウェセロフスキー編、『アルベルティの楽園』ボローニャ、一八六七年、i, ii, no. 17, pp. 303-16（全てのイタリック体は筆者による補足である）

Cino Rinuccini, *Invective*, edited in Italian by A. Wesselofsky, *Il Paradiso degli Alberti*, Bologna, 1867, i, ii, no. 17, pp. 303-16 [all the italics are my own].

〔史料9〕 牢獄から救出されたクインティリアヌス

言語に磨きをかけ、構成することで名高い者として、ラテン語著述家が数多いた中でも、ある一人の卓越した不世出の者、クィントゥス・ファビウス・マクシムス（クインティリアヌス）がいたことをあなたは知っていよう。彼は演説の準備に関連する全てのことに、実に如才なく、徹底的に、注意深く取り組んだ。私の判断によれば彼は、演説の最も高尚な理論と最も際立った実践の両方において非の打ち所のない、正に最高の雄弁家であったにもかかわらずだ。たとえ我々にローマの雄弁家の父キケロがいなかったとしても、このたった一人の人物（クインティリアヌス）から我々は、演説における最良の方法を学ぶことができることだろう。しかし我々イタリア人の間では、時の経過によって散り散りにされて、彼の作品は今のところ断片的なものとなってしまった。思うにそのために、彼の作品の明敏さや様式は見る影もなくなってしまった……もし天の助けを得なかったならば、彼の作品は間違いなく明日にでも消滅してしまっていただろう。この輝かしく、優雅で、汚れなき、有徳と機知に富んだ男が、あの汚い牢獄、汚らわしい場所、彼の番人の野蛮な残虐にあとわずかも耐えられなかったであろうことに疑問の余地はない。

クインティリアヌスと同じく我々にとっても幸運であったのか、我々がコンスタンツで何もしない間に、囚人として（彼が）囚われている場所を見に行こうという衝動が、私たちに突然生じた。その場所とはコンスタンツから二〇マイルほどのところにある、ザンクト・ガレン修道院であった。我々の多くが気晴らしのため、また修道院が非常に多く所蔵すると聞く書物を収集するためにそこへ行った。書き並べるにはあまりにも時間がかかるだろう途方もない数の書物の中で我々は、かびと埃で汚れてはいるものの、今なお無事であったクインティリアヌスを発見した。これらの本はその価値にも関わらず、図書館ではなく、複数ある塔のうちの一つの塔の最下層にある汚らしく薄暗い地下牢にあった。そこは死罪を宣告された者にすら相応しくない、惨めな場所であった。

ポッジョ・ブラッチョリーニからグァリーノ・グァリーニへ、P・W・G・ゴードン訳、[11], pp. 193-5。
Poggio Bracciolini to Guarino Guarini, trans. P. W. G. Gordan, [11], pp. 193-5.

〔史料10〕 新たな文献学

私はキケロの『親交書簡集』の非常に古い一冊を手に入れた……そして、更にそこから複写された版も手に入れた。幾人かが予想した通り、その写本はフランチェスコ・ペトラルカの手によるものだ。今は詳述しないが、それがもう一方から写されたものであるという証拠は十分にある。しかし、後者は不注意な製本家によって製本されていたので、束の番号から見て、一つの束が明らかに間違った場所に綴じられている。今、この本はメディチ家の公共図書館に収められている。この一冊から、私が語ることができる限りでは、あたかも泉か噴水から流れ出たかのように、これらの親交書簡集の全ての現存する写本が作られたのである。これら全ては、文書がおかしな順序になっているので、私はこれからそれらを元通りに復原し直さなくてはならない。

アンジェロ・ポリツィアーノ、『雑纂』（第二五章）、A・グラフトン訳、[82], p. 29。

Angelo Poliziano, *Miscellaneorum Centuriae primae* (chapter 25), trans. A. Grafton, [82], p. 29.

〔史料11〕 聖書批判

去年の夏に私が古い図書館で本探しをしていたとき、――なぜならそれらの隠れ場が抜群の娯楽を提供してくれるからだ――幸運が私の労苦にとても重要な獲物をもたらしたのだ。それは、ロレンツォ・ヴァッラの新約聖書の注解であった。すぐにでも私は学界とそれを共有したくてたまらなかった。なぜなら、独りで静かに私の狩りの成果を貪り食うことは、私にとって度量の狭いことのように思われたからだ。しかし私は、これを公にすることをしばらく見合わせていた。これはヴァッラの名が大変不人気であるからというだけではなく、この主題もまた理由であった。一見したところその主題は、非常な反目を生じさせかねないものである。しかしながらその本を読んですぐに、君は私の決断に対して重要な支持を差し伸べてくれただけでなく、その一方で私をこう促し始めもした……筆者が受けるに値する名声を彼から巻き上げることのないように、単なる幾人かの批評家の頭に血が上った罵りのために多大な利益を、無数の生徒から奪うことのないようにと。君がそう言うのだから、君はこの作品が必ず極めて有用であると、少しも疑っていなかったということだ……君は、パトロンとしてそして庇護者としての世話を申し出てくれもした。だから、たとえこの危険を冒すことを支持してくれる人が君だけだとしても、この本を出版させてしまおうと思う……

いくつかの古き良きギリシャ語写本を比較して、新約聖書に関してなにがしかの注釈をつけるというヴァッラの行動の、何がそんなに驚倒すべきことなのか私に教えてくれないか。つまるところ我々の聖書は、疑いようもなくギリシャ語を典拠としているというのに。ヴァッラの注釈はテクスト内部の不整合や、無批判な翻訳者がしでかした意味の単なるとり違え、あるいはギリシア語で表現されたならより明瞭になること、更には我々のテクストにおいて明らかに誤っている個所を指摘しているにすぎないではないか。彼らは文法家ヴァッラが、(パリ大学のフランス人教師であり、中世後期において最もよく知られた聖書注釈者であるリュラの)神学者ニコラス(c. 一二七〇-一三四〇)が博したのと同等の栄誉を有していないと言い張るのだろうか?言うまでもなくヴァッラは、実際には多くの主な大家によって(文法家であるにもかかわらず)哲学者かつ神学者の列に加えられている。他方リュラがある言葉の意味を論じるとき、彼は確実に神学者というよりも文法家として振舞っている。実際聖書を翻訳するという仕事そのものは、明らかに文法家の仕事の範疇に属しているのだが……

エラスムスからクリストファー・フィッシャーへ、1505、R・A・B・マイナーズ・D・F・S・トムソン訳、『エラスムス作品集』トロント/バッファロー、一九七五年、ii, pp. 89-90, 93-4。
Erasmus to Christopher Fisher, 1505, trans. R. A. B. Mynors and D. F. S. Thomson, *Collected Works of Erasmus*, Toronto and Buffalo, 1975, ii, pp. 89-90, 93-4.

〔史料12〕 子供に対する新たな態度

父親たちは(仕事に取り掛かる前に素材の性質を調査する鋳造家や建築家と)同じように、子供たちに対して振舞うべきである。最も持続して繰り返される特徴は何であるか、何をすることを最も好んでいるか、そして何をすることを最も好まないのかを見るために、父親たちは日々彼らの子供の行動をしっかりと注意深く見守るべきである。これが子供たちが本当に好きなことを見抜くための、十二分な証拠となるだろう。人は生来社会的であるから、人の行動や特徴における隠された秘密の、これ以上の手がかりなどどこにもない。人は孤独をどこか惨めなもので避けるべきものであると考え、人と関わりを持ち、共に幸せに暮らすことに熱意を燃やすものだ……最高の建造者である造物主（自然）は、他者の中に自身をさらして生きることを人に望んだだけでなく、さらに人に他者と――対話やその他の方法で――彼らの情熱や感情の全てを伝えあい、共有することを課したようである。彼女（自然）が人の考えや行動のいくらかが、誰にもいささかも知られることなく、表に出ないようにさせてくれることはめったにない……だから毎日子供を見ることで熱心な父親は、子供のどんな些細な言葉や動作も理解することができるのである。

レオン・バッティスタ・アルベルティ『家族論』セシル・グレイソン編、バーリ、一九六〇年、ワトキンス訳（7）、pp. 45-6。

Leon Battista Alberti, *Della familia*, ed. C. Grayson, Bari, 1960; trans. Watkins, [7], pp. 45-6.
（邦訳　レオン・バッティスタ・アルベルティ『家族論』池上俊一・徳橋曜訳、講談社、二〇一〇年。）

〔史料13〕　貴族の教育

皇帝オクタウィウス・アウグストゥスが彼の子供たちや甥たちに、キケロやウェルギリウスの作品を読み聞かせる値打ちがないわけではないと判断したことを考えれば、戯れたり慰めたりすることを通じて自身の子供に指導すること、または少なくとも彼らを観察することは、貴族にとって恥ずべきことなどではなかろう。貴族は彼らの子供に対して、いかにしてサイコロ遊びやカード遊びにおいて彼らが負け、彼らの財産を空費してしまうことになるかを教えるよりも、むしろそうした古典を読むことをこそ、彼らに教えるべきではなかろうか？　更に言えば、教えるということは君主の権威を象徴する。だからシチリア王デュオニュシオスが、その暴政のために彼の民によって国を追われたとき、彼はイタリアに亡命し、その地の市井の学校で文法を教えたのだが、それによって彼の敵が彼を軽侮し「先生」と嘲笑したので、彼は彼らに対してこう言った……かつて彼がその支配下に置いていたこんな連中のことはともあれ彼が自身の生徒に対して培った権威というものに着目すべきだ、と。

だがそれにも増して彼（アウグストゥス）は、公共の福利についての知識の更なる獲得のため、それがいかに必要かに留意しつつ、音楽についての十分な理解を推奨した。なぜなら私が前述したように、こうした公共の福利は、身分や階級の序列に基づいているからである。そのために、公共の福利は完全なる調和を内包する。後に彼はこのことを、公共の福利に関するプラトンやアリストテレスの著書を図らずも読んだ際に、より完璧に理解することとなった。そこには、音楽や幾何学の種々の例が書かれている。

トマス・エリオット『統治者の書』（一四）第一巻、第五・七章、pp. 18, 22-3。
Sir Thomas Elyot, The Book Named the Governor[14], bk I, chs 5 and 7, pp. 18, 22-3.

〔史料14〕　フィレンツェ政体の分析

あなたが我々の政体のありようにつき、そしてそれがどのようにして設立されることになったのかを知りたいと望まれるので、私はそれをできる限り明瞭に述べてみたいと思う。フィレンツェ共和国は完全に貴族的でも完全に民主的でもなく、両形式の混合により成り立っている。これは人数や権力の点で傑出した貴族がこの都市で官職を持つことを許されておらず、この点においてそれが貴族政体と対照をなしているという事実からも明らかである。その一方で、卑しい商売に従事する者や最も低い無産階級の一員である者は、共和国政権への参与が認められず、この点において民主主義とも異なるものであるかのようである。すなわち貧富の両極端を排除しつつこの都市は、中位の者たちの参与を受け入れるのである。換言すればこの都市は、過度に影響力を持たない良家出身でより裕福な者を為政者に選ぶ傾向にある……

この共和国は混合的なものであるから、そのいくつかの特質は大衆的である一方、他のいくつかは寡頭的な性格をも備えている。大衆的な特徴は官職の短い任期、特にプリオリ（すなわちシニョリーア、政府委員）の任期である。プリオリ職は二か月以上は続けられず、補佐評議会（すなわち一二人賢人会議と一六人騎士会議）は、それぞれ三か月と四か月の任期である。短期間の官職は、平等につながり民主的である。我々の敬意は——名実ともに——自由の上に置かれ、自由は統治体制全体の目的や焦点を提供するからだ。投票ではなく抽選による政府機関の選挙もまた民主的特徴である。一方で、別の多くの特徴が貴族政治につながっている。例えば私見によれば、人民に公表される前に、少数者の間で全てのことが議論され、承認されなければならないということは貴族的なことであるように思われる。また、人民評議会（ポポロ評議会）が何も変える権限を持たず、単に可否を提示するのみという事実は、貴族の権力維持に大いに貢献するものであろう。

昔は、人々は戦時には武器を取り、都市のために武勇をふるったものだった……それから都市の権力は、民衆に委ねられ、そうした人々は最高権力を握るに至った。彼らが握った権力の中には、政府から貴族を排斥することができる権限さえ含まれていた。やがて戦争は傭兵によって戦われ始めた。すると都市の権力は、民衆ではなく貴族や富を持つ者に依拠するものであるとみなされた。彼らは共和国に資金を提供し、武力というより助言で共和国に奉仕した。したがって民衆の権力は次第に弱まり、共和国は現在の形に定着したのである。

レオナルド・ブルーニ「フィレンツェ共和国について」ラテン語訳、テオドール・クレッテ『イタリアの文人ルネサンスの歴史及び文学への貢献』第二巻、グライフスヴァルト、一八八九年、p. 94、全翻訳は[4] pp. 140-を参照。
Leonardo Bruni, *De FlorentinommRepublica*, Latin translation in T. Klette, *Beitrage zur Geschichte und Literatur der italienischen Gelehrtenrenaissance*, ii, Greifswald, 1889, p. 94; cf. [4], pp. 140-4, for a full translation.

〔史料15〕　タキトゥスと暴政

もしあなたが暴君の考えを知りたいと思うなら、コルネリウス・タキトゥスのティベリウスと死にゆくアウグストゥスの最後の会話に関する記述を読みなさい。

コルネリウス・タキトゥスは、暴君の国民が暴政の下でいかに暮らし、生き残るのか、また暴君がいかにして圧政を敷くのかを実に見事に教えてくれている。

フランチェスコ・グイッチャルディーニ『回顧録（リコルディ）』（C、一三・一八節）、ブラウン訳、[18], p. 169。
Francesco Guicciardini, *Ricordi* (ser. C, nos. 13, 18), trans. Brown [18], p. 169.
（邦訳　フランチェスコ・グイッチャルディーニ『グイッチャルディーニの「訓戒と意見」（リコルディ）』末吉孝州訳、太陽出版、一九九六年。
フランチェスコ・グイッチャルディーニ、『フィレンツェ名門貴族の処世術：リコルディ』永井三明訳、講談社、一九九八年。）

〔史料16〕　古物収集家の小旅行

（一四六四年の）一〇月一日より八日前、陽気な男サムエル・デ・トラダーテの指揮の下、高名なパドヴァのマンテーニャとパドヴァのジョバンニを補佐に、世話役である私と、そして著名人の一行がそれに続き、月桂樹の木陰で休みながら進んだ。彼自身が集めたギンバイカ、ツルニチニチソウ、セイヨウキヅタ、種々の葉の冠をサムエルに載せつつ、聖ドミニクスの古代の遺構区域に入ると、我々はサルマティクスの異名をとるアントニヌス・ピウス・ゲルマニクスの極めて価値ある記念碑を見つけた。それから、聖なる最初の殉教者（聖ステファノ、最初のキリスト教殉教者）の家に向かって歩みを進めると、前述の区域からそう遠くないところの柱廊玄関に、我々は神君ハドリアヌスの甥で、この地域に居を構えていた神君アントニヌス・ピウスの見事な記念碑を見つけた（アントニヌスの二つの碑文は、日付が異なっており、正式に神格化された前と後のものである）。それから、初代ローマ大神官の邸近くに向かい、我々は皇帝マルクス・アウレリウスの巨大な記念碑を見つけた。これら全ては、今ここにあるノートに記録されている……これらの全てを見た後に我々は、ネプチューンが守護するガルダ湖の周りを回った。我々が月桂樹やその他の見事な葉を敷き詰めた小舟には、カーペットやあらゆる乗り心地をよくするものが積み込まれた。我々の指揮官サムエルがチターを弾きつつ、その場を盛り上げた。

フェリーチェ・フェリチアーノ、アンコーナの古物収集家キリアーコの伝記とともにサムエル・ダ・トラダーテに送る回顧録、C・E・ギルバート訳、[5], p. 180。

Felice Feliciano, memoirs to Samuel da Tradate with his biography of the antiquarian Ciriaco of Ancona, trans. C. E. Gilbert, [5], p. 180.

〔史料17〕 芸術家に対する教育

　私は画家には全ての自由学芸にできる限り精通していてもらいたいと思っているが、まず彼には幾何学を知ってもらいたい……次に画家は、詩人や演説家の技を味わう術を学ぶべきである。なぜなら彼らは人間生活の装飾的側面に関わる点において、画家と多くの共通点を有しているからだ。文学に通じた者は多くの題材について精通しており、画家が絵画の主題を決める上で大いに助けとなるだろう。説話の持つ大いなる力は、主としてその創意にかかっている。それは描かれなくとも言葉による創意だけでも、我々に大いなる喜びをもたらすほどである。アペレスによって描かれた《誹謗》に関してルキアノスが書いた描写は、読んだ我々の感情を高ぶらせる。ここで画家たちに助言を与えるために、この手の主題を創り出すことにあたって画家たちが、どれほど注意深くあらねばならないかを伝えることは無意味ではない。このアペレスの絵画というものは、「無知」と「猜疑」を象徴する二人の女性に付き添われた巨大な耳を持つ男から成る。他方から近づいてくるのは、外見は魅力的であるがあまりに狡猾な表情の「誹謗」、彼女自身である。彼女は右手に灯された松明を持ち、左手で天に手を掲げる若者の髪をつかみ引きずっている。彼女を導くのは青白く醜い男である。田畑での何年にも及ぶ労働で疲れ切った者のような、険しい顔つきをしている。これは明らかに「嫉妬」である。その他二人の女性は、「誹謗」に付き添い、彼女らの女主人の身なりを整えるのに忙しくしている「背信」と「不正」である。彼女らの後ろには、喪服に身を包み己が身をかきむしる「悔悟」が、それから貞淑で控えめな「真実」が続く。もしこの物語があなたを引き付けるのなら、どれほどの楽しみや喜びをアペレスの絵画が与えてくれたに違いないか想像してごらんなさい！（アルベルティの記述を基に、実際に《アペレスの誹謗》は後にボッティチェリによって描かれ、現在はフィレンツェのウフィツィ美術館に展示されている。）

レオン・バッティスタ・アルベルティ『絵画論』第三巻、五三節、ラテン語版（翻訳付き）は[8]のpp. 94-6を参照、
または[5]のpp. 70-1を参照。
Leon Battista Alberti, *On painting*, III, 53, the Latin text (with a translation) is in [8], pp. 94-6; cf. [5], pp. 70-1.
（邦訳　レオン・バッティスタ・アルベルティ『絵画論』三輪福松訳、中央公論美術出版、二〇一一年。）

〔史料18〕 古代の音楽芸術

私が思うに、どれほど音楽芸術が古代人によって高く評価されたのかについては疑いようもない。古代人はその英知において、他者を大きく上回っている。まず哲学者たちから始めるとピタゴラスや彼に従った人々は、音楽の勉強を非常に重要であると考えたので、彼らは全ての星に異なる音の精が振り分けられていると考えたという。そしてまた天や全ての要素は、一定の数的調和に従って互いに関わり合っているということを、我々は確信している。才能ある人間にとりこれがどれほど自然なことかということを、幼年期から子守唄や鈴の音を愛する子供たちの例から我々は見て取ることができるだろう。これに影響されある人々は、人間の心は和音を形作ると信じてきた。したがって最も賢明で神のようなプラトンは、演奏されるべき音楽の種類について彼の『法律』の中で厳格な指示を合理的に主張した。なぜなら彼は人が音楽を変えれば、それは都市の精神を変えることにつながると信じていたからだ。アリストテレスはというと、音楽芸術は良き生活にとって必要であると考えた。音楽芸術を軽視して、十分に教養ある人物だとみなされたギリシャ人などいなかったという事実を例に挙げてみよう。例えばエパメイノンダスやそのほか多くの市民や将軍らは、ギリシャのリラに熟達していたと言われる。聖歌、賛美歌や賛歌の作曲家もまた、リュートやリラが弾けなければ評価されない。我々の

聖なる儀式もまた、オルガンやその他の楽器によって伴奏される。

カルロ・マルスッピーニ、フィレンツェ書記官長、ドイツ人音楽家で以前は都市の管楽器奏者であった者への特許状、一四四六年、フィレンツェ、国立資料室、書簡三六、一六五葉裏－一六六葉表。

Carlo Marsuppini, Chancellor of Florence, letter-patent for a German musician, formerly a pipe-player for the city, 1446, Florence, Archivio di Stato, *Missive* 36, fols. 165v-166r.

〔史料19〕この世の中心にいる者

父なる神すなわち最高の創造者は……人間を不確定の性質を持つ創造物として考え、世界の真ん中にある場所を彼に与え、彼にこう呼び掛けた。「不変の住居もお前だけのものである形もお前自身に特有である機能も私は与えていない、アダムよ、だからお前はお前の願望や思慮に従い、おまえ自身が望むままにお前の住居や形態そして能力を何であれ、有することができるのである。その他の万物の本質は、私の定める法の範囲内に限られ、制約されている。だがお前は、どんな制約にも縛られず、己の自由意思に従い、私がお前に託したその手によって、自身のためにお前の本質の限界を定めることになろう。私はお前を世界の中心に据えたのだから、お前はそこから世界をより容易に見わたすことができる。私はお前を天の者とも地上の者とも、死を免れる者とも不死の者ともしなかった。だから、選択の自由と名誉でもって、あたかも自身の創造者であるかのように、お前はお前が望むどんな形にも自身を形作ることができるのである。お前は、獣のような下等な存在に堕落する力を持つだろう。お前は、お前の魂が下す判断から、神のごときより高等な存在に生まれ変わる力を持つだろう。」

ジョヴァンニ・ピコ・デッラ・ミランドラ『人間の尊厳について』、E・L・フォーブス訳［二］、pp. 224-5（'thee'と'thou'を現代語化した形で表記）。

Giovanni Pico dellaMirandola, *On the dignity of man*, trans. E. L. Forbes, [2], pp. 224-5 (with modernised 'thee' and 'thou' forms)

（邦訳　ピコ・デッラ・ミランドラ『人間の尊厳について』大出哲・安部包・伊藤博明訳、国文社、一九八五年。）

〔史料20〕　神のごとき芸術家

最高の芸術家は、余分な殻に包まれた大理石そのものに含まれていないようなものを思いつくことはなく、彼の知性に従うことによってのみ、その手は大理石の中にあるものを見つけることができるのである。

ミケランジェロ『押韻詩』、E・N・ジラルディ編、バーリ、一九六〇年、一五一番、p. 82。

Michelangelo, Rime, ed. E. N. Girardi, Bari, 1960, no. 151, p. 82.

〔史料21〕　フィレンツェでの人格喪失現象

過去に、特に最近まではフィレンツェという都市には、多くの愉快で好ましい人々がいた。一四〇九年のある日曜の晩に、友人たち——多くは政界に属する地位にある者か、画家、金細工師、彫刻家、大工またはそういった類の様々なギルドの有能な親方から成る一団が、いつものように共に夕食をとっていた。彼らは、洗練された立派な市民で、非常に愉快で賢いトマソ・ペコリの家にいた。彼は、彼らの一同と一緒にいることを非常に楽しんでいたので、彼らを招いたのであった。軽い夕食を取ってから、彼らは（冬だったので）火を囲み、仲間内で、または皆で、主に仕事や作品に関する種々の楽しい話題についておしゃべりしていた。彼らが雑談しているときに、ある一人がこう言った。「大工のマッテオがここにいないということをどう思う？」（これが太っちょとあだ名された人物である）ある者が（集いに来るかどうか）彼に尋ねたが、彼は来ることが出来なかった、だから彼はそこにいないのだと明らかになった。この大工はサン・ジョヴァンニ広場の店で働いており、当時彼は同業者内で熟練した技を持つ親方の一人であった。それに加えて、彼は絵画に額を被せる技術で名高く、祭壇画の枠を制作していた。これは、全ての大工ができることではなかった。また彼は、ほとんどの太った者がそうであるように、極めて愉快な人物であった。彼はやや抜けたところがあった。およそ二八歳で、大きくがっしりとした体格なのが、一般的に皆が彼を太っちょと呼ぶ所以であった。しかし、さほど賢くない者が思うほど彼はそんなに単純なわけではなかった。なぜなら、彼は全く頭が鈍いわけではなかったからだ。普段、彼はこの仲間の集まりにいるので、その晩の彼の不在は、彼らに彼の不在の理由をあれこれ想像させる題材を提供したのであった。

『太っちょ大工の物語』C・ヴァレーゼ編（一五世紀の短編小説集）、トリノ、一九七七年、p. 49。
La novella del Grasso legnaiuolo, ed. C. Varese (Novellieri del Quattrocento), Turin, 1977, p. 49.

〔史料22〕　人と動物

ずる賢い狐と寛大な獅子が偶然森で出会ったとき、狐は獅子にこう尋ねた。「おや、獅子よ、どうしてそんなに不安げなのか？」「人のせいだ。」と獅子は答えた。それから狐はこう尋ねた。「我々の王ともあろうあなたが亡霊の如き者に怯えるのか？　あなたに人のやり方を知ってもらいたい。あなたが逃げれば、彼は大胆になる。あなたが勇敢になれば、彼は逃げる。そしてまた人は人間ではない。彼は人間のように見えるだけである。」

バルトロメオ・スカラ、寓話「人間」、『人文学及び政治学著作集』所収『寓話』第二巻、A・ブラウン編、アリゾナ州テンピ、一九九七年、p. 372。
Bartolomeo Scala, apologue・Man・, *Apologorum Liber Secundus* in his *Humanistic and Political Writings*, ed. A. Brown, Tempe, Az., 1997, p. 372.

パトロネージの理由

〔史料23〕　ある商人の弁明

私は、私の邸とサンタ・マリア・ノヴェッラ聖堂のファサード、サン・パンクラツィオ聖堂に作った私の墓が付属する礼拝堂に膨大な金額を費やした。それから、前述の聖堂のための金襴織の祭服には、一〇〇〇ドゥカット以上の費用が掛かった。また、邸の向かいにあるロッジア、クァラッチとポッジョ・ア・カイアーノにある別邸とその庭にも相当額を費やした。前述の全てのものは私に満足感と喜びを与えてくれたし、与えてくれている。なぜなら、それらは、都市の名誉だけでなく神の栄誉に尽くすことになり、私自身の記念にも役立つからだ。一般的に言われていて私も賛同することは、稼ぐことと費やすことは、人が人生において享受する最大の喜びであり、どちらがより大きな喜びを与えてくれるかは甲乙つけがたいということである。過去五〇年の間他に何事も成さず、稼いで消費したにすぎない私自身、前述したように、両方から最大の喜びと満足感を得てきた。そして私は心底、ただ稼ぐよりも使うことの方がよりずっと楽しいことだと思っている……

私は自分が両替商組合のために行った遺贈からもまた、最高の満足感を見出してきたし、今もなお見出している。それは、サン・パンクラツィオ聖堂で組合員とともにその組合によってパンとトレッビアーノ・ワインでもって毎年執り行われる奉献のことである。また、クアラッチのサン・ピエロ教区で生まれ育った四人の子女により毎年行われる結婚、さらには前述の聖堂の聖墳墓で日夜灯される二つのランプもまた、私の遺贈によるものである。これらのものは、神の栄誉に尽くすものであるとともに私の記念になるものであるから、私に大きな喜びと満足感を与えてくれている。

ジョヴァンニ・ルッチェライ、一四七三年の回顧録、『雑録』、[26], 第一巻、pp. 121-2。
Giovanni Rucellai, memoir dated 1473, *Zibaldone*, [26], I, pp. 121-2.

〔史料24〕　教会の弁明

ローマ教会の権威の成り立ちと発展を学んだ学識ある者だけが、真にその偉大さを理解することが出来る。

したがって、教養のない大衆の心に固く安定した信仰心を創り出すためには、目に訴えかける何かが不可欠である。教義の上だけに維持された大衆向けの宗教は脆く、揺らぎやすいものでしかない。しかし教皇庁の権威が、神自身の手によって植え付けられたかのように、不滅の記念物であるところの視覚的に荘厳な建物内に示されるならば、信仰は世代を経るごとに成長し強固なものになり、世界中がそれを受け入れ崇めるようになるだろう。審美眼と建物に課された比例とを組み合わせた壮大な大建造物は、聖ペテロの座に対する崇敬を大いに高めるだろう。

教皇ニコラウス五世によるものとされる臨終のスピーチ、P・パートナー『ルネサンス・ローマ 1500－1559』中の訳、カリフォルニア州バークレー、一九七六年、p. 16。
Death-bed speech attributed to Pope Nicholas V, trans. in P. Partner, *Renaissance Rome, 1500-1559*, Berkeley, Ca., 1976, p. 16.

〔史料25〕　贖罪としてのパトロネージ

都市の世俗的な事案に関わることによって――それは国家を統治し、指導的役割を担おうとする者全てに負担をかけるものであったので、必然的に彼自身の良心の負担ともなっていたが――コジモは、もし彼が神に慈悲をかけてもらい、神が彼の現世に所有する財産を保全してくれるようにと望むなら、自身敬虔な生き方に変わらなければならないとますます強く意識するようになった。そうでなければ全て失う破目に陥ると彼はよく心得ていたのである。それというのも財産のいくらかは、必ずしもきれいな方法で得られたものではないように、彼には思われたからである。とはいえ、私はその出所を全く知らないのだが。彼の肩からこの重しを取り除きたいがために彼は、当時フィレンツェに逗留中の教皇エウゲニウスのところに話をしに行った。教皇エウゲニウスはサン・マルコ聖堂で同信会運動を始めたが、その運動が彼らの目にはあまり十分に整備されていなかったので、彼はコジモに自分の考えを伝えた。それはコジモが彼自身を満足させるよう、そして彼の良心の呵責を取り除くよう、建築に一万フロリン金貨を費やすようにということであった。修道院にとって必要なものを完成させる前に一万フロリン金貨を使い果たしてしまったので、コジモは全部で四万フロリン金貨以上を費やしてその仕事をやり遂げたのであった。それは建築費だけではなく、そこで暮らすために必要な全てのものの準備にかかる費用も含まれた。

ヴェスパジアーノ・ダ・ビスティッチ「コジモ・デ・メディチの生涯」、A・グレコ編『伝記』、第2巻、pp. 177-8、または[32]pp. 218-19参照。

Vespasiano da Bisticci, from the life of Cosimo de-Medici, *Le Vite*, ed. A. Greco, ii, pp. 177-8; cf. [32], pp. 218-19.

(邦訳　ヴェスパジアーノ・ダ・ビスティッチ『ルネサンスを彩った人びと――ある書籍商の残した『列伝』』岩倉具忠・岩倉翔子・天野恵訳、臨川書店、二〇〇〇年。)

〔史料26〕　礼拝堂における宣伝行為

どうやってフィレンツェの女性が娘を嫁がせるのか、フィレンツェの慣習を見るがよい。彼女らは娘たちを見世物にしておめかしさせ、娘たちを妖精のように見せる。そして、彼女らを大聖堂に連れていく。これらの娘たちは、私の神殿にあなた方が持ち込んだあなた方の偶像である。あなた方の神々のイメージは、聖堂にあなた方が描いてきたイメージや似姿である。そして若者たちはこう言い回るのである……「あの少女はマグダラのマリアで、あの少女は聖ヨハネである」と。なぜなら、この女性やあの女性の似姿で描かれた図像が聖堂にあるからだ。これは不適切であり、神に対する大変な侮辱である。あなた方画家は邪悪なことをしている。もしあなた方が私の知っていること、そしてそれが作り出す忌まわしいことを分かっていたなら、あなた方はそれらを描かなかっただろう……聖母マリアがあなた方が描いたような服を着ていたと、あなた方は信じるのか？　彼女は貧しい女性のように質素な身なりで、しっかりと覆われていたのだから彼女の顔はほとんど見えなかったし、同じように聖女エリサベトもまた質素な身なりであったとあなた方に教えてやろう。あなた方は非常に淫らに描かれたこれらの人物たちの画像を、完全に消し去る方が賢明であろう。あなた方は聖母マリアに娼婦のような恰好をさせているのだ……。

修道院を見てみるがいい。あなた方は、それらがみな創建者の紋章でいっぱいであるのが分かるだろう。私はその扉の上を見上げるために頭を上げた。十字架があるかと思ったがそこにあるのは紋章である。その先で頭を上げてみなさい、さらにまた別の紋章がある。私は祭服を着る。祭服には十字架が書かれていると考える。そこには紋章が書かれている。あなた方はなぜ祭服の背に彼らが紋章を入れたかを知っている。それは司祭が祭壇に立った時、その紋章が全ての人々からよく見えるからである。

ジローラモ・サヴォナローラ、ザカリア記による説教、C・E・ギルバート訳、[5], pp. 157-8。

Girolamo Savonarola, *Sermons on Zachariah*, trans C. E. Gilbert, [5], pp. 157-8.

〔史料27〕　競合するギルド

（毛織物業）ギルドの会館に寄り集まった前述の理事たちは……オルサンミケーレの祝福された聖母マリア会の組合長によって承認された法を熱心に検討していた。この法は、その小礼拝堂の装飾のために、フィレンツェの二一のギルドそれぞれが、会の組合長によって割り当てられた場所の壁龕に適切かつ丁寧に彫刻を施すという趣旨を定めていた。これは、都市の名声と小礼拝堂の美化のためであった。理事らは、全てのギルドが彼らの壁龕装飾を終え、毛織物商組合、銀行商組合とその他ギルドによる壁龕装飾が、美しさと装飾性において毛織物業組合のそれを上回っていると考えた。だから、特に他のギルドに対して常に勝者であり格上であろうとする毛織物業組合の威信を考えると、正直なところこのことが毛織物業組合の名声を傷つけることにもなりかねなかった。

毛織物業組合の光栄と名誉のために、理事らはこれに対する救済策を提供することを強く望んだ……彼らはこう定めた……現在の理事らは……壁龕と聖なるステファノの像を建造し、組み立て、作り直すものとする……いかなる方法も問わず、毛織物業組合の光栄に最も誉れ高く貢献することになろう。その結果、この壁龕は美と装飾において現在最も美しいものを凌駕するか、または少なくともそれに匹敵するものになるだろう。この壁龕と像の建造において理事らは……最高一〇〇〇フロリン金貨まで費やすことができる。

毛織物業組合の理事の討議、一四二五年、G・ブルッカー訳、『ルネサンス・フィレンツェの社会』、ニューヨーク、一九七一年、pp. 93-4。
Deliberation of the Consuls of the Wool Guild, 1425, trans. G. Brucker, *The Society of Renaissance Florence*, New York, 1971, pp.

93-4.

〔史料28〕 競合する芸術家

ちょうどその時私の友人たちは、サン・ジョヴァンニ洗礼堂の競技委員会が試作品を見たいということで、ベテランの親方たちに使いを出しているということを私に手紙で知らせた。多くの一流の親方たちがイタリア中からこの競争に参加するためにやってきた……それぞれに四つの銅製のプレートが与えられた。競技委員会によって定められた課題は、全ての者が門扉のための一場面を制作するというものであった。委員会が選んだ場面はイサクの犠牲で、参加者それぞれが同じ場面を制作することが望まれた……全ての熟練者や全ての競技者仲間の中から私に勝利の栄冠が授けられた。例外なく、彼ら皆が私にその栄誉を譲ってくれたのだ。学識者たちによる協議と審査を経て、一人の例外もなく皆があの時、私は他の者に勝っていると納得したのだ。競技委員会は、自分たちの責任において決定を下すことを望んだ。彼らは、非常に熟練した技術者で、画家、金銀や大理石の彫刻家が含まれていた。委員会は総勢三四人の審査員からなり、フィレンツェやその周辺地域の者もその中に入っている。彼らが皆――つまりは、執政官、委員会、サン・ジョヴァンニ洗礼堂を管轄する商人ギルドの全会員が私の勝利を支持した。

ロレンツォ・ギベルティ『コメンターリ』O・モリサーニ編、ナポリ、一九四七年、p. 42、または [5] p. 84、及び E・G・ホルト『芸術の文書史料の歴史』第一巻、ニューヨーク、一九五七年、pp. 157-8を参照。

Lorenzo Ghiberti, *I Commentari*, ed. O. Morisani, Naples, 1947, p. 42; cf. [5], p. 84, and E. G. Holt, *A Documentary History of*

Art, I, New York, 1957, pp. 157-8.

〔史料29〕 古代モデルの影響

あなたからの手紙を拝受し大変嬉しく思いました。とりわけても我が御主君様〔リミニ領主シギスモンド・マラテスタ〕が、彼がそうされるようにと私が願っていた通りにふるまわれ、また皆の意見に耳を傾けておられると聞き及び、欣快この上なく存じます。とはいえ、マネット〔アントニオ・マネッティ〕が聖堂の円蓋につき、その高さがその横幅の二倍でなければならぬと言っていると、あなたが私に伝えて下さった件に関して申し上げれば、私は彼よりも、そしてまたさらにいっそう多くの理由からその他の多くの者たちよりも、大浴場や万神殿その他の高貴なる建造物を築いた人々に信を置きたく思うのです。

過日私はあなたの御主君〔マントヴァ侯ルドヴィコ・ゴンザーガ〕があなたの同朋市民達と共に、サンタンドレア聖堂の建築案について議論されたともうかがっております。そしてこの建築案の要が、多くの人がキリストの〈御聖血〉を拝観できるよう、なるべく広い空間を確保することにあるとも聞き及びました。私はマネッティが作った模型を見て、大変気に入りました。しかし正直申し上げて、それはあなた方の御意向を実現できるようなものとは私には思えませんでした。私もそれについて熟考を加え、ここにあなたにお送りするような案を練り上げました。それは[マネッティのものと比較して]いっそう実際的でかつまたいっそう不滅のものであるとともに、いっそう価値がありいっそう喜ばしきものとなることでありましょう。そればかりか費用も[マネッティ案に比べ]いっそう安くすむこととなるでしょう。この類いの神殿は古代人により聖なるエトルリア様式と呼ばれておりました。もしこれがあなたのお気に召しましたら、その比率に関していっそう詳細な案をお示し致しましょう。

レオン・バッティスタ・アルベルティ、リミニのマッテオ・デ・パスティへの手紙、一四五四年一一月八日、及びマントヴァのルドヴィーコ・ゴンザーガへの手紙、一四七〇年頃、D・S・チェンバーズ、[3], pp. 181-2, 113-14。

Leon Battista Alberti, letters to Matteo de' Pasti in Rimini, 18 November 1454, and to Lodovico Gonzaga in Mantua, c. 1470, trans. D. S. Chambers, [3], pp. 181-2, 113-14.

〔史料30〕 芸術の価値と芸術家の手腕

レオナルド先生、フィレンツェにあなたが滞在しておられると聞き及び、私が長く切望してきたことが実現するかもしれないという望みを抱きました。その切望とは、あなたの手による作品を入手することに他なりません。あなたが当地を来訪され私の肖像画を素描されたとき、あなたはいつかそれを絵具で描くことを約束してくださいました。しかしそれがほとんど不可能で、ここを訪れることが先生にとり不都合ならば、私がより満足できる別の作品を私の肖像画の代わりにすることで、私への約束を守って下さることをあなたに請い願います。その作品とは、ちょうど彼が神殿で博士たちと議論したときの年齢である、一二歳ほどの若いキリストを描いたものです。そして、それは甘美さと先生の芸術固有の長所である柔らかく優美な魅力でもって制作された絵となりましょう。もし私のこの強い願いを先生がかなえて下さるのであれば、先生は御自分でお決めになった仕事の報酬に加えて、私からの感謝の印として、私が先生に良き奉仕をお捧げすることのみを望んでいることを、そしてこの先私が先生の便宜のままに我が身を捧げるであろうことを、目のあたりにされることとなりましょう。良き御返事を待ち望みつつ、我と我が身を先生の望みのままにお捧げする次第です。

イザベラ・デステからレオナルド・ダ・ヴィンチへ、一五〇四年五月一四日、D・S・チェンバーズ訳、[3], p. 147。
Isabella d· Este to Leonardo da Vinci, 14 May 1504, trans. D. S. Chambers, [3], p. 147.

〔史料31〕 美術の鑑識眼

サンドロ・ボッティチェリは、板絵とフレスコ画において最も優れた画家で、彼の作品には男性的な雰囲気があり、なかなか良い構図と完成された調和をもまた兼ね備えています。

フィリッピーノ・ダ・フラ・フィリッポは優秀で、上記の画家の弟子であり、また彼の時代で最も卓越した親方の息子であります。確かに彼の作品にはより柔らかな雰囲気がありますが、それほど技術がないかと思います。

ペルジーノは、特にフレスコ画において極めて優れた親方で、彼の作品は天使のように優しい雰囲気で、とても柔らかです。

ドメニコ・ディ・ギルランダイオは板絵において、そしてまたフレスコ画においてより優れた親方で、彼の作品には立派な雰囲気があります。そのうえ彼は非常に手際が良く、多くの作品を作ります。

これら上記に挙げた画家は、フィリッピーノを除いて皆、システィーナ礼拝堂において自身の力量を証明し、また彼ら全員がロレンツォ公のオスペダレットの山荘において彼らの力量を示しましたので、彼等の間には甲乙をつけ難いものがあります。

フィレンツェからミラノ公爵へのレポート、一四九〇年頃、C・E・ギルバート訳、[5], p. 139。
Report from Florence to the Duke of Milan, c. 1490, trans. C. E. Gilbert, [5], p. 139.

〔史料32〕 海外芸術作品の取引

紙に描かれたというよりはむしろカンヴァスに描かれた絵を、二か月前に入手しました。そのことは私自身の何通かの手紙であなたに知らせたとおりです。そしてあなたが何度か私に依頼したのに従って私は、ヤコポに彼の分を引き渡しました。彼はそれをいたく気に入ったようで、我々に素晴らしい申し出をしてくれました。残りの絵は私の自宅に保管してあります。

二枚のカンヴァス画に関しては、一つは我々の主に黄金を捧げる「東方三博士」で、立派な出来映えです。もう一つはクジャクの絵で、私にはなかなか良い物に思われ、その他種々の装飾で美しく彩られています。私には、どちらも美しく思われます。私は一つを自分のものとして持っておくつもりだ。なぜなら、あなたが手紙で述べたそれらの価格から、私はここにある絵が一枚で三フロリン金貨に値するかどうか判断がつかないからです。それと言うのも、それらは小さなカンヴァス画に過ぎないからに他なりません。もし私が利潤を上乗せしてそれらを売る機会があるなら、私はそれら両方とも売ってしまうことでしょう。信仰のこもった姿で美しいものなので、私は「聖顔」を（自分のために）取りのけておこうと思います。

アレッサンドラ・ストロッツィからブリュージュにいる彼女の息子へ、一四六〇年、C・E・ギルバート訳、[5], pp. 117-18.
Alessandra Strozzi to her son in Bruges, 1460, trans. C. E. Gilbert, [5], pp. 117-18.

流行の変化か、価値観の変化か?

〔史料33〕 イングランドで流行するイタリア

全ての紳士が主だった街に居住するのがイタリアの、特に(イタリアの中で最も豊かな地域の一つである)ナポリの流儀であるから、田舎はどこも空っぽである。昨今ではイングランドにおいてさえそうである。全ての地方がロンドンに吸収され、時間の経過とともに、イギリスはロンドンだけになり、全ての地方は荒廃するがままになるだろう……つまり郷里でははかばかしい暮らしぶりが叶わないので、皆都市(ロンドン)に滞在している点で、我々はイタリア風の流儀の虜(とりこ)になってしまっている。神の名において、我々はこれらの意味のない外国のつまらない流行を捨てて、古き良きイギリス風の流儀を守ろうではないか……

そして、今まさに私の口から、あなた方に次のように布告する(ここにおいて口頭でなされる命令は、今後公式に布告される宣言と同等の効力を有するものである)。廷臣、市民、法律家のみがロンドンに留まることが出来る……そしてロンドンでの新たな建設工事を減らすために、私は建築者を拘束し、投獄するだろう。そして、(責任者たる)建築者が見つからなければ、(代わりに)その労働者が投獄されることになろう……私はそのような建物は問題なく取り壊されるべきものであると考える。

ジェームズ一世、星室庁でのスピーチ、一六一六年『ジェームズ一世の政治的業績』、マサチューセッツ州ケンブリッジ、一九一八年、p. 343。

James I, speech in Star Chamber, 1616, *The political Works of James I*, Cambridge, Mass., 1918, p. 343.

〔史料34〕 信仰と愛国心

故に、なぜ古代の人々が現代の人々よりもずっと自由を愛していたかそのよって来たるところを考えれば、それは今日人間を軟弱にすることとまさに同じ理由に起因すると私は思うのだ。この同じ理由とはすなわち、我々の信仰と古代人の信仰との違いに基づく我々の教育と古代人の教育の差異に他ならない。我々の信仰は我々に真実と真の道を示してくれるが、その信仰が我々にこの世界の栄誉というものを軽んじさせてしまうのである。一方でこの栄誉を重んじ、至高の善とみなす異教徒たちは、彼らの行動においてより獰猛であった。これは、我々の供犠の慎ましさと比較して、彼らの供犠のけばけばしさを始めとして、彼らの慣習の多くに見て取ることができる……この他に、古代の信仰は、例えば軍の将軍や共和国の指導者のような現世の栄光に寄与した者にのみ天の栄光を授けた。他方我々の信仰は、活動的というよりも慎ましく瞑想的な者に天の栄光を授けている。更に言えば、我々の信仰は至高の善として謙遜、清貧、人間に関する事柄に対する軽蔑を推奨してきたのに対して、古代の信仰はその至高の善を精神の気高さ、身体の強靭さ、そして人を最も活発にすべきその他諸々一切のことであると定義した。もし我々の信仰もまた強靭さを求めるとしても、それは、あなたを大胆な行動に打って出させるというよりかはむしろ、あなたに忍耐を好むように促す類の強靭さである。

つまり、こうした我々の信仰の勧める生き方というものはこの世界を軟弱なものと化し、この世を悪人のえじきに差し出してしまったかのように観じられる……それゆえ、もし宗教というものが我々に祖国の防衛と称賛を許すものであると人が考えるなら、そのような宗教とは、我々が祖国を愛しそれに名誉を与えるとともに、我々が自身を「祖国」を防衛するに値する者となるように訓練していくことを望むようなものに他ならないと悟ることになるだろう。

ニッコロ・マキャヴェリ『政略論』第二巻、第二部、P・ボンダネッラ・M・ムーサ訳『マキャヴェリ、携帯版』、ロンドン、一九五三年、pp. 297-9。
Niccolo Machiavelli, *The Discourses*, II, 2, trans. P. Bondanella and M. Musa, *The Portable Machiavelli*, London, 1953, pp. 297-9.
（邦訳　ニッコロ・マキァヴェッリ『ディスコルシ―「ローマ史」論』筑摩書房、二〇一一年。）

〔史料35〕　キリスト教徒の良心と国家理性

この時代に領土や国家を持ちたいと考える誰もが、可能であれば慈悲の心と人情味を示すべきである。だが他に選択肢がない場合は、残虐性や無節操さを行使しなければならない。そうしたわけで、あなたの大叔父ジーノは、彼の晩年の回顧録（ジーノ・カッポーニ『回顧録』）にこう書いた。彼らの魂よりも彼らの国を愛する人々を戦争十人委員会の委員に任命することが必要である。なぜなら、もし今日そうであるように教会法の教えに従って国家を支配しようと望むなら、政府や国家を統制することは不可能であるからだ。

あなたは、良心に従い厳格に国家を統治したいと考えた人物が陥ることになる立場というものを、よく理解している。それゆえ、私がピサ人を殺すことやピサ人を牢獄に入れておくことについて話したとき、私はおそらくキリスト教徒として話してはいなかった。私は国家の道理や実践に即して話していたのだ。そして、このような残虐さを否定しつつもピサを獲得するためなら何でもするようにと助言する人が、私以上にキリスト教的に語っているわけではない。なぜなら道理あるいは良心に従えば、そのことはあなたのものではないものを手に入れようとすることが、数限りない災いの源となっているということだからだ。これを認めない者は、神の前にいかなる申し開きもしようがない。なぜなら、修道士たちが好んで言うように、それは「お目出度い無知」をさらしているからだ……全面的に神に従って生きようと望む人であっても、一方においては世俗的な生き方から全面的に離脱して上手く生きることはできず、他方神を侮辱することなくして俗世で上手く生きていくこともできないからである。

あなたは良心に従って国家を統べることはできない。なぜなら、国家の起源を考えれば、自身の都市を自分たちで治める共和国という唯一の例外を除いては、それは全て非合法以外の何者でもない。この法則から皇帝を除外することはなく、ましてや司祭などはなおさらである。なぜなら、彼らは世俗的な武器と宗教的な武器でもって我々に圧力をかけるのだから、彼らの暴力行為は二重である。

フランチェスコ・グイッチャルディーニ『フィレンツェの政体をめぐっての対話』と『処世訓48』、A・ブラウン訳 [18], pp. 158-9, 172。

Francesco Guicciardini, *Dialogue on the Government of Florence* and *Maxim* 48, trans. A. Brown [18], pp. 158-9, 172.

（邦訳　フランチェスコ・グイッチャルディーニ『フィレンツェの政体をめぐっての対話』末吉孝州訳、太陽出版、二〇〇〇年。）

〔史料36〕 人文主義と寛容の成熟

世界と交わることは、人間の判断力に対して驚くほど明瞭な効果を持つ。我々は皆、自分自身を押し殺し、我々の視野は自分の鼻の長さにまで縮こまっている。ある者がソクラテスに彼がどの国の人間なのかを尋ねると、彼は「アテネの」とは答えず、「世界の住民である」と答えた。彼はより豊かで広い想像力を持っていたのだ。だから、彼は彼の都市であるとして全世界を包含し、彼自身の知遇、交際、そして愛情の範囲を全人類にまで拡張したのである。自身の足元ばかりを見る私たちとは違い……

私がこの人々（ブラジルからやってきた食人族）について聞いたことから、我々が皆、我々の慣習に反していることは何でも野蛮と決めつけることを除いては、私は彼らについて野蛮や凶暴であるということはあり得ないと考える……彼らの誤りをこれほど厳格に非難する一方で、我々は自身のことにはあまりにも盲目になっているということに比べれば、私は我々にとって（ブラジル原住民による）これらの行いの恐ろしい残虐さに、そこまで気を配り特筆するのは無用のことだと考える。私は、死んだ人間を食らうことよりも生きた人間を食らうことのほうがより野蛮ではないかとすら思う。責めつるし具によって引き裂いたり、まだ十分に感覚が残る体を拷問したり、少しずつ焙っていき、それから犬や豚に踏みつけさせ、食べさせたりする。これは、我々が本で読んできただけでなく、最近の記憶の限りで実際に目にしたことであり、古代の敵兵だけでなく、隣国人や同胞の間で、信心や宗教を口実に行われてきた慣習である。これは、人間が死んだ後にその人間を焙って食らうよりもより邪悪な行いである。

ミシェル・ド・モンテーニュ『エセー』、J・M・コーヘン訳、ロンドン（ペンギン）、一九五八、一巻二六章（子どもの教育について）、一巻三一章（人食い人種について）、pp. 63, 108, 113。

Michel de Montaigne, *Essays*, trans. J. M. Cohen, London (Penguin), 1958, I, 26 (On the Education of Children), and I, 31 (On Cannibals), pp. 63, 108, 113.

邦訳　ミシェル・ド・モンテーニュ『エセー』全7巻、宮下志朗訳、白水社、二〇〇五年～二〇一六年。

〔史料37〕野蛮人たちと新世界

彼らは、食事において最も野蛮な習慣を守っている。いかにも彼らは決まった時間に食事を取ることをせず、日中であろうと夜であろうと、彼らが食べたいときに食べるのだ。食事では、亜麻布もその他の布の類といったものも全く見知らぬようで、彼らは地面に寝そべり、テーブルクロスもナプキンも使わない。食べ物は彼らが作った土鍋か、あるいは半分に切ったヒョウタンの容器で出される……性交においては、彼らは定まった規範が全くない。事実それぞれの男が、何人の妻でも好きなだけ持ち、不当な行為だとか不名誉だとか思われることなく、彼がしたいと思うときならいつでも彼女らと縁を切ることができる。そして、女も男と同様の権利に浴している。男たちはあまり嫉妬深くない。しかしながら、彼らは非常に好色である。女たちは男たちよりいっそう好色である。私は、飽くなき色欲を満足させるための彼らの数多くの技というものをこのまま黙っておくのが（上品さの名において）最善であると考える（ラテン語でいかにして夫らが好色な妻たちによって極度に興奮したために、去勢されてしまったのかを記述した一節を除外した）……

我々が見た限り、この人種の誰も全く宗教法を遵守してはいない。彼らを正しくはユダヤ人やムーア人並みにすら扱うことはできない。それどころか、彼らは異教徒よりもずっと質が悪い。なぜなら、彼らが神への捧げものをすることも、特別な場所や礼拝所といったものを持つことも我々は見出すことができなかったからだ。彼らの生活というものは完全に快楽に委ねられたものであるから、私は彼らの生活を快楽主義と呼ぶことにしよう。

アメリゴ・ヴェスプッチ『最初の航海』、一六〇七年出版の『宇宙誌入門』の一九六九年にニューヨークで再版版の訳より、p. 95、または『アメリカ大陸発見におけるイタリア人航海者の最初の報告　コロンボ、ヴェスプッチ、ヴェラッツァーノ』中に再録されたラテン語原典（ローマ、一五〇二年?）、トリノ、一九六六年、p. 88。
Amerigo Vespucci, *The First Voyage*, translated in *CosmographiaeIntroductio*, 1607, repr. New York, 1969, p. 95; the original edition in Latin (Rome, 1502?) is reprinted in *Prime relazioni di navigatori italiani sulla scoperta dell'America. Colombo- Vespucci-Verazzano*, Turin, 1966, p. 88.

〔史料38〕　旅とギャンブルについての議論

（インスブルックの近くで明かされた、非常に寒く雪の降る夜のある一室での出来事。その部屋でヴェットーリは彼の二人の仲間（一人は敬虔な信徒だが「おそらくは偽善者」で、もう一人は「あまり信仰心に篤くない」者）や、彼らの従者と同宿していた。彼らの従者は、夜を明かすためにカード遊びをしていた。彼の友人らはギャンブルについて議論し、それは「長く、愉快で、おそらくそれなりに価値がないものではない」ので、ヴェットーリは対話という形で彼の旅行記にこの出来事を書き加えることにした。）

アントニオ　私はしばしばギャンブルに対する人間の情熱に驚かされる——彼らは良識と分別がある人間と見なされているにも関わらずだ。そして、退屈を紛らわし、出来る限り悩みを忘れて時間をやり過ごすためにギャンブルをするのだという彼らの言い訳にも驚かされる。私は多くのことについて思い違いをしているのかもしれないが、私はこのことにつき素直に私の意見を表明することにする。私は、たとえギャンブルに関わる者が誰であろうと、ギャンブルというものは人が見つけ得るどんな悪徳にも劣らない有害なものであると考える。ギャンブルに現をぬかす王侯は、彼らの国民に対して悪い手本を示し、統治や困窮する者に耳を傾けることに考えを巡らすことに捧げるべき時間を無駄にしている——また、このことは無数の大惨事を導くのだ。この悪徳に身をやつした貴族は全てを手放すことになる。裕福な商人は貧困に陥り、貧しい者は衣食にも事欠くようになる。いったん勝ち始めた若者は金遣いが荒く好色になり、もし負け始めると金を失うだけでなく、彼らがなることができたであろう立派な人物ではなく、ろくでなしの不正を働く者となって自身の評判を落とすのだ。貧しい職人はギャンブルに時間と家族を養うはずであった金銭を費やす。小作人は土地を耕すのを止めてしまう。だからこの呪われた悪徳は、人が考え得るあらゆる災厄を招くのである。

ヴェナフロ　あなたは私の応答が長すぎると思うだろうが、手短にあなたの効果的で鋭い議論を論破するのは不可能だ。私はある前提から始めることにしよう。この世で行うすべてのこと、それを我々は快楽のために行っているのだ。我々はこれを我々の日常体験から見て取ることが出来る。敬虔なキリスト教徒で、神に対する恐れを抱いて生きる人々から検討を始めるなら、彼らの唯一の目標は快楽である。なぜなら彼らは——全く当然のように——いったん肉体から解き放たれれば、（最後の審判の後）安らかで喜びに満ちた永遠の時を生きるために肉体と再結合されるに先立って、魂は天上の至福と想像もできないほどの幸福に満ちた生活を送るだろうと信じ込んでいるからだ。

他方世俗に生きる人間は、様々な方法で地上において快楽を追い求める。ある者は野心的で、ある者は食べ物や酒を愛し、ある者は性的快楽、またある者は蓄財に耽る。ある者は家族を満足に養育することを通して、または貧しい人々への慈善活動や自身よりも公共善を重んじることを通して快楽を得ようとする。

もしこれが本当で、ギャンブルにおいて快楽を生み出すものが一つもないのだとしたら、我々は一体どのようにギャンブルを評したらよいのか？　ギャンブルは我々の精神的あるいは肉欲的な苦痛を鎮め、肉体や性交の快楽、強欲、残虐性、我々にありがちな全ての弱点から我々の気をそらしてくれる。また、たとえギャンブルが多くの誤りの原因であったとしても、医者は常に有益で害のない薬などないと言うだろう。節度を以て飲むワインは有益であるが、過度に飲めば害となる。だからギャンブルには多くの悪い面があるが、それらはギャンブルをやりすぎた結果である。性交は人類という種が存続することを可能にしているが、過度に耽ってしまえば批判されることになる。食べることは肉体を生かしてくれるが、食べることを止めない者は獣と見なされるだろう。このように我々は不必要にギャンブルを咎めるべきではなく、ただ制限や自制なくギャンブルをする者を咎めるべきなのだ。

フランチェスコ・ヴェットーリ『ドイツ旅行記』、[29]，pp. 130-2。

Francesco Vettori, *Viaggio in Alamagna*,[29], pp. 130-2.

訳者あとがき

―― I ――

今回ここに訳出したのは現代イギリスを代表するルネサンス史家アリソン・ブラウン（Alison Brown）がRoutledge社からSeminar Studies in Historyの一巻として、一九九九年に刊行した*The Renaissance*（*Second edition*）である。同氏は長年ロンドン大学のルネサンス史研究講座の正教授の任にあったが近年退職され、同大学ロイヤル・ホロウェイ・カレッジの名誉教授の地位にある。出世作の*Bartolomeo Scala, 1430-1497, Chancellor of Florence: the humanist as bureaucrat*, Princeton, Princeton Univ. Press, 1979以来一貫して、一五－一六世紀フィレンツェにおける政治思想と政治文化、政治社会の相関に関心を寄せ、近年ではフィレンツェにおける近代的政治思想の出現に、同地におけるルクレティウスの唯物論の復興が与えた影響を取り上げた画期的著作*The Return of Lucretius to Renaissance Florence*, Harvard Univ. Press, 2010、更には昨年*Piero di Lorenzo de'Medici and the Crisis of Italian Renaissance Italy*, Cambridge Univ. Press 2020を上梓し依然活発な活動を続けている。

本書は元来一九八八年同名の書としてLongman社より刊行され、ルネサンス史に関する大学レベルの標準テキストとして、直ちに高い評価を博した著作の再版と位置づけられるが、八八年と九九年――この一〇年余りの間に生じたルネサンス史研究の劇的な進展を背景に、基本的骨格を維持しつつも、大幅な加筆修正が加えられている。特に注目すべきはイタリアにおける黒死病の衝撃と君主制の発展を取り上げた章（第四章）と、ルネサンス演劇の社会史を取り上げた章（第一六章）という、第一版になかった二つの章が追加されたことである。

前者は具体的には、従来中世末イタリア社会に生じた二つのマイナス要素とされてきた、黒死病と都市共和政の衰退が、その結果生じた社会の流動性によりむしろ、イタリアにルネサンスを出現させる要因として積極的役割を果たしたという、この間の新たな研究動向への著者ブラウンの肯定的反応を示すものである。他方後者は、中世的な血統や信仰による正統性も、近世以降の財力や軍事力そして国民の神話による正統性も有さなかった過渡期のルネサンス国家が、宮廷－国家－宇宙を壮大な〈演劇〉として表象することにより、観念の虚構を通じ社会を再編成し始めていたことに対する、彼女の鋭い把握を表している。

こうしたルネサンス研究の最新の成果をも吸収しつつブラウンは、ルネサンスに関する定型句と化した二つの神話に「揺さぶり」をかけようとする。この二つの神話とは即ち、「近代の曙ルネサンス」というブルクハルト以来のルネサンスの価値づけと、「ルネサンスの都フィレンツェ」というヴァザーリ以来のルネサンス史のフィレンツェ中心主義に他ならない。こうした努力はその一方で、一部の研究者たちにより提唱されている、土地所有に基づく身分制社会という社会と生産の根幹は持続しているのだから、中世と異なるルネサンスなどという時代は存在しないという、ルネサンス否定説に与するものではない。本書を通じてブラウンが提示しようとするのは、中世とも近世とも異なる独自の世界観と社会的基盤を有する、ルネサンスという固有の時代が確かに存在したことである。そうした歴史観の提示のためブラウンが強調するのは、時代解明の鍵となる〈交換〉という観念に他ならない。

——Ⅱ——

ルネサンス史に関して〈交換〉が、何よりも経済的概念であったことは無論である。イタリア諸都市間の、イタリアとヨーロッパ諸国の、ヨーロッパと近東と、そしてヨーロッパと極東や新世界の人と物の交換が、時に応じ質量共に加速されて行く。「ルネサンスなどなかった」と語る者が言うように、従来経済活動の中心は自給自足農業であり、人口の大半がそうした自給自足経済に固定されていたのは確かだ。だが一三〇〇年代から一五〇〇年代に至るまで、都市を中心に物資のそして物資の上に乗せられた情報の交換は、深化しその裾野を広げていく。世界が変貌したことは、一五世紀初頭のフィレンツェ絵画に描かれた日常生活と、一六世紀後半のヴェネツィア派の絵画に描き出された日常生活の、物質的豊かさの水準の相違からも一目瞭然であろう。

だがこうした〈交換〉に基づく物の豊饒化は、物に付随する情報の豊饒化の原因であり、結果でもある。〈交換〉に基づくこの豊饒な世界を実現するために人間は、物と情報を制御するより複雑な言語＝思考を創造することを不可欠とした。換言すれば時の流れと空間の広がりを把握する知性の展望の獲得が望まれたのだ。そうした新たな知の在り方の視覚化こそ、遠近法に基づく芸術上の三次元表現の展開と言える。他方、こうした空間の遠近の感覚の精錬と相関的に展開したのが、文献批判の方法に基づく言語表現の変化の認識に由来する歴史感覚である。そうした意味でペトラルカを端緒とする人文主義運動の展開とそれに基づく言語表現力の精緻化こそが、歴史叙述や遠近法の誕生、新しい国家観の形成や地理上の発見から国際貿易の進展に至る、新しい世界の到来の前提条件を準備した。

とは言え繰り返しになるが、ルネサンスは決して近代の曙ではない。こうした新しい世界を享受し、それを拡大する運動に関与した人々の力は、旧来の世界にまどろむ人の慣性に比べ微弱なものに過ぎなかったろう。だが運動と慣性の鬩ぎあいを通じ、世界が運動の方向に傾斜したこと自体に、この時代を前後の時代と隔てる特色がある。ブラウンはそのことを正に、新しい人間類型の出現に象徴させている。この物と情報が貨幣や書物を媒介に不断に〈交換〉されて行く世界にあって、人間そのものも己を己として定義する諸要素を、絶えず組み直して行く。学ぶことにより、稼ぐことにより、旅することにより、自身を不断に変身させていく世界の鏡たる人間。文芸史家グリーンブラッドの所説を踏まえつつ、ある性質を「備えていること」と「備えているように見えること」の境界を往来しつつ自己構築していく人間。そのようなマキアヴェッリ的〈普遍人〉たちを生み出す〈交換〉の運動が、フィレンツェやローマのような大きな中心のみならず、それと連鎖する中小の中心との相互作用の中で、政治と経済と芸術と学問を貨幣により横断していく形で浮かび上がる過程が、活写されている。

――Ⅲ――

一読し訳者が魅了されたのは、本書の持つそうした横断性に他ならない。我が国のルネサンス研究の限界は実に、この魅惑的時代を構成する、政治、経済、思想、文学、芸術各分野の研究者たちが、それぞれの分野の素材や問題設定の中に閉じこもり、同じ時代を構成する他分野への知識や関心に、極めて乏しい点にある。欧米においてもそうした傾向が皆無ではなかったが、ブラウンが今回の第二版に盛り込んだルネサンス研究における八〇年代から九〇年代に至る動向は正に、こうした蛸壺主義を脱却し、ルネサンスを一つの包括的時代として、ブルクハルトの提示したそれを更新する形で提示する努力に他ならなかった。その点で本書は、ルネサンス史の概観を大学初級生に要領よく解説するだけの入門書ではない。むしろそうした初等知識を、現在の最新動向を踏まえて再整理することを通じ、学生が専門研究へと歩を進める足掛かりを提供することを企図した、実に野心的な著作である。

著者にこうした時代の包括的描写を可能とさせた契機が、〈交換〉概念への着目であったことは、何度も言及した通りだ。そしてかかる概念の二〇世紀末における普及が、ウォーラーステイン学派の世界経済システム論以降の経済史の、グローバル的視点の獲得に由来するものであることは論を俟たない。ブラウンはこうした〈交換〉概念を自身の歴史叙述の核概念として採用することにより、人間の主体と価値の流動化・相対化・演出化を軸とする政治文化としてのルネサンスを、ヨーロッパを超えて全世界を巻き込む史上初の文化運動と意義付ける視点を明確に打ち出している。いまや人間の自己演出さらには自己創造としてのルネサンス運動は、フィレンツェやローマの如き大都市と、フェラーラやマントヴァの如き中都市との間で、更にはボルゴ・サン・セポルクロやウルビーノのような小都市との間で、相互作用的に展開するのみならず、メキシコシティーやリマ、ゴアやマカオ、北京や大阪にもまた波及し、そこにこれまで存在しなかったような新たな人間の生き方を生み出す、世界史的事件と目されるに至った（特に「ヨーロッパとその彼方」と題された第一四章）。これと呼応する如くに我が国においても、根占献一氏や伊川健二氏を中心に、ルネサンス人文主義の一六世紀における〈到来〉が、日本の精神文化に与え影響を掘り起こす作業が展開中である。ブラウンのこの好著の味読は、こうした世界最初のグローバル主義が全世界にもたらしたときめきやさざめきを、追体験する心弾むひと時を与えてくれることだろう。

――Ⅳ――

最後に本書の翻訳に着手するに至った経緯につき一言しておきたい。本書との出会いは、二〇一七年度から二〇一九年度にかけて、訳者の一人石黒が勤務する金沢大学大学院の研究演習において、受講者の大学院生の諸君とこれを講読したことに遡る。大学院と言いながら、カリキュラムの編成都合から小規模校にすぎない本学大学院の演習には、日本中世史や教育史、映像文化研究の多くの、専門外の学生が参加する。そうした人々に歴史現象としてのルネサンスの意義を解き明かす、平易な英語テキストがないか、思案の中で目に入ったのが本書であった。実際これほど高度な内容を、これほど平易明快な文体で叙述するブラウンの知性に、参加した学生諸君も感嘆しきりだった。その中でもこの講読に最も熱心に参加してくれたのが、大学院の後期課程でルネサンス期イタリア美術史の博士論文の執筆を準備中の、喜田いくみさんである。

専攻分野からしても本誌を十分に理解する予備知識を備えていたし、またルネサンス美術の歴史的背景についての見識を深めたいという意欲の点においても、彼女の参加は私にとっても心強かった。後期課程の学生だけあって、英語力においても他の学生に比しても格段の力があった。数年かけて全てを読了したある日、彼女と雑談しつつ本書の歴史教科書としての卓越性を語るうち、翻訳を行うことでその内容により多くの人々が親しめるようにしたいという企画が持ち上がった。地方大学の大学院で、地道に研究活動を続ける優秀な学生さんに、このような形であれ世に出る機会を提供したいという思いもあった。備忘のために喜田さんが作っていた粗訳の添削を重ね、ようやく一通りのものが出来上がり、出版につき相談した論創社編集部の松永裕衣子さんの賛同を得て、刊行作業が本格的に始動したのが一昨年の夏である。程もなく刊行に漕ぎつけられようと高を括っていたにもかかわらず、更にここまでの月日を費やしてしまった。これについては、草稿に更なる斧鉞を加える任に当たった私の怠惰が第一の原因であることは無論だが、加うるにコロナ禍の突発による点も少なくない。一冊の訳書の刊行には、単に訳稿があればよい訳ではなく、体裁上種々の細かい不整合を除去する作業が不可欠である。そうした作業の打ち合わせについて、遠隔通信機器の利用のみでは意を尽くせぬ事情もしばしば生じる。こうした障害を乗り越え、刊行まで漕ぎつけるに至ったのも偏に、前記松永裕衣子さんはじめ論創社編集部の皆さんの丁寧な本づくりの賜物である。この場を借り改めて感謝申し上げたい。

長きにわたった米国の世界覇権の失墜、破滅的な地球環境の破壊、やむことのない民族対立や宗教対立、世界全域での格差の際限ない拡大などを前に、来るべきポスト・コロナ時代をめぐり、これまでとは全く異なる世界観・価値観の上に立つ、「新人世」の到来を語る議論も喧しくなっている。こうした世界の新たな破滅と再生＝ルネサンスの時代に生きる読者に、過去の世界の破滅と再生＝ルネサンスの豊饒さを語る本書が、なにがしかの希望と勇気を与えるものとなれば、訳者として望外の幸せである。

本翻訳の遂行にあたっては、科学研究費補助金（基盤（C））「マキアヴェッリとフィレンツェの政治文化――社会形成に〈神〉は必要か」並びに「ルネサンス期における予言と政治学――マキアヴェッリの宗教観と〈フィレンツェの神話〉」から多大な支援を得た。ここに特記し感謝の意を表する。

コロナ禍の終息を待ち望みつつ、白山を望む寓居にて

石黒盛久　識

斎藤泰弘『レオナルド・ダ・ヴィンチの謎──天才の謎』岩波書店、1987年。

清水純一・近藤恒一『ルネサンス──人と思想』平凡社、1994年。

清水廣一郎『イタリア中世の都市社会』岩波書店、1990年。

厚見恵一郎『マキアヴェッリの拡大的共和国──近代の必然性と「歴史解釈の政治学」』木鐸社、2007年。

佐々木毅『マキアヴェッリの政治思想』岩波書店、1970年。

菊池理夫『ユートピアの政治学──レトリック・トピカ・魔術』新曜社、1987年。

B・レック、A・テンネマン（藤川芳朗訳）『イタリアの鼻──ルネサンスを拓いた傭兵隊長フェデリーコ・ダ・モンテフエルトロ』中央公論新社、2017年。

M・シモネッタ（熊井ひろ美訳）『ロレンツオ・デ・メディチ暗殺──中世イタリア史を覆す「モンテフエルトロの陰謀」』早川書房。

D・パレストラッチ『フィレンツェの傭兵隊長ジョン・ホークウッド』白水社、2006年。

佐藤三夫『ルネサンスにおける人間の尊厳』有信堂、1981年。

佐藤三夫『ヒューマニスト・ペトラルカ』東信堂、1995年。

近藤恒一『ペトラルカ研究』知泉書館、2010年（新装版）。

近藤恒一『ルネサンス論の試み』創文社、1985年。

近藤恒一『ペトラルカと対話体文学』創文社、1997年。

桑木野幸司『ルネサンス庭園の精神史——権力と知と美のメディア空間』2019年。

水野千依『イメージの地層——ルネサンス図像文化における奇跡・分身・予言』名古屋大学出版会、2011年。

K・ブールダッハ『宗教改革・ルネサンス・人文主義』創文社、1974年。

森田鉄郎『ルネサンス期イタリア社会』吉川弘文館、1982年。

森田鉄郎『中世イタリアの経済と社会』山川出版社、1987年。

L・フェーブル（高橋薫訳）『ラブレーの宗教』法政大学出版局、2003年。

M・バフチン（川端香男里）『フランソワ・ラブレーの作品と中世ルネサンスの民衆文化』せりか書房、1995年。

F・ブローデル（浜名優美訳）『地中海』1-5（普及版）、藤原書店、2004年。

根占献一『ロレンツオ・デ・メディチ——ルネサンス期フィレンツェ社会における個人の形成』南窓社、1997年。

根占献一『フィレンツェ共和国のヒューマニスト——イタリア・ルネサンス研究』創文社、2005年。

根占献一『共和国のプラトン的世界－イタリア・ルネサンス研究　続』創文社、2005年。

C・ギンズブルク（森尾総夫訳）『ピエロ・デッラ・フランチェスカの謎』みすず書房、1998年。

C・ギンズブルグ『チーズとうじ虫－16世紀の一粉挽屋の世界像』みすず書房、2012年。

伊藤博明『神々の再生——ルネサンスの神秘思想』東京書籍、1996年。

A・シャステル（桂芳樹訳）『ルネサンスの深層』ちくま学芸文庫、2002年。

A・シャステル（越川倫明他訳）『ローマ劫掠－1527年、聖都の悲劇』筑摩書房、2006年。

156 Weiss, R., *The Renaissance Discovery of Classical Antiquity*, Oxford, 1969.

157 Welch, E., *Art and Society in Italy, 1350-1500*, Oxford, 1997.

158 Wilkins, E. H., *Life of Petrarch*, Chicago and London, 1961.（E. H. ウィルキンス（渡辺友市訳）『ペトラルカの生涯』東海大学出版会、1970年。）

159 Witt, R. G., The *De tyranno* and Coluccio Salutati's view of politics and Roman history', *Nuova Rivista Storica* 53 (1969): 434-74.

160 Wittkower, R., *Architectural Principles in the Age of Humanism*, London, 1962.（R・ウィットコウワー（中森義宗訳）『ヒューマニズム建築の源流』彰国社、1971年。）

161 Woods-Marsden, J., 'Toward a history of art patronage in the Renaissance: the case of Pietro Aretino', *Journal of Medieval and Renaissance Studies* 24 (1994): 275-99.

162 Woodward, W. H., *Vittorino da Feltre and Other Humanist Educators*, Cambridge, 1897, reprinted New York, 1963.

163 Yates, F. A., *Giordano Bruni and the Hermetic Tradition*, London, 1964.（F・イエイツ（前野佳彦訳）『ジョルダノ・ブルーノとヘルメス教の伝統』工作舎、2010年。）

参考図書リスト

F・イエイツ（青木信義訳）『記憶術』水声社、1993年。

P・ロッシ（清瀬卓訳）『普遍の鍵』国書刊行会、2012年（新装版）。

P・ロッシ（前田達郎訳）『魔術から科学へ』みすず書房、1999年。

E・カッシーラー（薗田担訳）『個と宇宙――ルネサンス精神史』名古屋大学出版会、1991年。

E・ガレン（清水純一・斎藤泰弘訳）『イタリア・ルネサンスにおける市民生活と科学・魔術』岩波書店、1975年。

E・ガレン（清水純一訳）『ルネサンスのヒューマニズム』創文社、1981年。

E・ガレン編（近藤恒一他訳）『ルネサンス人』岩波書店、1990年。

S・ドレスデン（高田勇訳）『ルネサンス精神史』平凡社、1983年。

in representations of Renaissance women', in [38], pp.263-311.

142 Skinner, Quentin, *The Foundations of Modern Political Thought* I (The Renaissance), II (The Age of Reformation), Cambridge, 1978.（Q・スキナー（門間都喜郎）『近代政治思想の基礎：ルネサンス　宗教改革の時代』春風社、2009年。）

143 Smith, Christine, *Architecture in the Culture of Early Humanism. Ethics, Aesthetics and Eloquence, 1400-1470*, New York and Oxford, 1992.

144 Southern, R. W., *Medieval Humanism and Other Studies*, Oxford, 1984.

145 Stillwell, M. B., *The Awakening Interest in Science During the First Century of Printing, 1450-1550*, New York, 1970.

146 Stratford, J., 'The Royal Collections to 1461', in *The Cambridge History of the Book in Britain*, eds. L. Hellinga and J. B. Trapp, Cambridge, 1999, pp. 255-66.

147 Strong, R., *Art and Power. Renaissance Festivals, 1450-1650*, Woodbridge, Suffolk, 1984.（R・ストロング（星和彦訳）『ルネサンスの祝祭－王権と芸術』（上）（下）、平凡社、1987年。）

148 Thompson, J. W., *The Medieval Library*, Chicago, 1939.

149 Thornton, Dora, *The Scholar in his Study. Ownership and Experience in Renaissance Italy*, New Haven and London, 1997.

150 Trapp, J. B. (ed.), *Background to the English Renaissance*, London, 1974, at pp.67-89, 'Education in the Renaissance'.

151 Trexler, R. C., *Public Life in Renaissance Florence*, New York and London, 1980.

152 Ventrone, Paola, *Gli araldi della commedia. Teatro a Firenze nel Rinascimento*, Pisa, 1993.

153 Verdon, T. (ed.) with J. Henderson, *Christianity and the Renaissance, Image and Religious Imagination in the Quattrocento*, Syracuse, 1990.

154 Waley, D., *The Italian City-Republics*, 2nd edition, London, 1978.（D・ウェイリー（森田鉄郎訳）『イタリアの都市国家』平凡社、1971年。）

155 Weiss, R., *Humanism in England during the Fifteenth Century*, Oxford, 1957.

126 Radcliff-Umstead, D., *The Birth of Modern Comedy in Renaissance Italy*, Chicago, 1969.

127 Rahe, P. A., *Republics Ancient and Modern. Classical Republicanism and the American Revolution*, Chapel Hill, 1992.

128 Rebhorn, W. A., *Foxes and Lions. Machiavelli's Confidence Men*, Ithaca, NY, 1988.

129 Reynolds, L. D. and Wilson, N. G., *Scribes and Scholars. A Guide to the Transmission of Greek and Latin Literature*, 3rd edition, Oxford, 1991.

130 Rhodes, D. E., *Gli annali tipografici fiorentini del XV secolo*, Florencr, 1988.

131 *La Rinascita della Scienza*, in the catalogue of the exhibition *Firenze e Ia Toscana dei Medici nell' Europa del Cinquecento*', Florence, 1980, pp.123-308.

132 Rocke, Michael, *Forbidden Friendships: Homosexuality and Male Culture in Renaissance Florence*, New York, 1996.

133 Rubinstein, N., *The Government of Florence under the Medici (1434-1494)*, 2nd edition, Oxford, 1997.

134 Rubinstein, N., 'Political theories in the Renaissance', in *The Renaissance. Essays in Interpretation*, London, 1982, pp.153-200.

135 Ryan, Kiernan, *Shakespeare*, 2nd edition, London, 1995.

136 Santagata, Marco, *I frammenti dell'anima. Storia e racconto nel Canzoniere di Petrarca*, Bologna, 1993.

137 Saslow, J. M., *The Medici Wedding of 1589. Florentine Festival as* Theatrum Mundi, New Haven and London, 1996.

138 Sawday, Jonathan, *The Body Emblazoned. Dissection and the human body in Renaissance culture*, London, 1995.

139 Saxl, F., 'A Marsilio Ficino manuscript written in Bruges in 1475', *Journal of the Warburg and Courtauld Institutes* 1 (1937-38): 61-2.

140 Scholderer, Victor, *Printers and Readers in Italy in the Fifteenth Century*, London, 1949.

141 Simons, P., 'Portraiture, portrayal, and idealization: Ambiguous individualism

110 Marsh, David, trans. Leon Battista Alberti, *Dinner Pieces*, Binghamton, 1987.

111 Meiss, Millard, *Painting in Florence and Siena after the Black Death*, Princeton, 1951.

112 Menocai, M. R., *Shards of Love. Exile and the Origins of the Lyric*, Durham and London, 1994.

113 Molho, A., 'Cosimo de' Medici: *Pater Patriae or Padrino?', Stanford Italian Review* (1979): 5-33.

114 Najemy, John, 'The dialogue of power in Florentine politics' in *Cities and City-States in Classical Antiquity and Medieval Italy*, eds Molho, A. et al., Stuttgart and Ann Arbor, 1991, pp.269-88.

115 Najemy, John, 'The Republic's two bodies: body metaphors in Italian Renaissance political thought' in [38], pp.237-62.

116 Nauert, C. G., *Humanism and the Culture of Renaissance Europe*, Cambridge, 1995.

117 Nelson, Jonathan, 'An introduction to the life and styles of Filippino Lippi' in *The Drawings of Filippino Lippi and His Circle*, Exhibition Catalogue, Metropolitan Museum of Art, New York, 1997, pp.9-19.

118 Niccoli, Ottavia, *Prophecy and People in Renaissance Italy*, Princeton, 1990.

119 Norman, Diana (ed.), *Siena, Florence and Padua. Art, Society and Religion, 1280-1400*, I, New Haven and London, 1995.

120 Outram, Dorinda, *The Enlightenment*, Cambridge, 1995.

121 Panofsky, Erwin, *Renaissance and Renascences in Western Art*, 1972.（A・パノフスキー（中森義宗・清水忠訳）『ルネサンスの春』新思索社（新装版）、2006年。）

122 Piltz, Anders, *The World of Medieval Learning*, Oxford, 1981.

123 Porter, R. and Teich, M., *The Renaissance in National Context*, Cambridge, 1992.

124 Quint, David, 'Humanism and Modernity: a reconsideration of Bruni's dialogues', *Renaissance Quarterly* 38 (1985), pp.423-45.

125 Raab, F., *The English Face of Machiavelli*, London, 1964.

Law and History in the French Renaissance, New York, 1970.

96 Kelley, Joan, 'Did women have a Renaissance?' in *Becoming Visible: Women in European History*, 2nd edition, eds R. Bridenthal, C. Koonz and S. Stuard, Boston, Mass., 1987, pp.175-201.

97 Kemp, Martin, *Behind the Picture. Art and Evidence in the Italian Renaissance*, New Haven and London, 1997.

98 Kent, F. W., 'The making of a Renaissance patron of the arts', in [26], II, pp.9-95.

99 Kent, F. W., 'Palaces, politics and society in fifteenth-century Florence', *I Tatti Studies*, 2 (1987): 41-70.

100 Kent, F. W. and Simons, P. (eds), *Patronage, Art and Society in Renaissance Italy*, Oxford, 1987.

101 Kohl, B. G. and Smith A. A., *Major Problems in the History of the Italian Renaissance*, Lexington, 1995.

102 Kraye, Jill (ed.), *The Cambridge Companion to Renaissance Humanism*, Cambridge, 1996.

103 Kristeller, P. O., *Renaissance Thought*, New York, 1961, pp.3-23; *Renaissance Thought II*, New York, 1965, pp.1-19.（P. O. クリステラー（渡辺守道訳）『ルネサンスの思想』東京大学出版会、1977年。）

104 Landau, David and Parshall, Peter, *The Renaissance Print, 1470-1550*, New Haven and London, 1944.

105 Lamer, John, *Culture and Society in Italy, 1290-1420*, London, 1971.

106 Lenzuni, A. (ed.), *All' Ombra del Lauro. Documenti librari della cultura in età Laurenziana*, Florence, 1992.

107 Letts, R. M., *The Renaissance* (Cambridge Introduction to the History of Art), Cambridge, 1981.

108 Lopez, R., 'Hard times and investment in culture', reprinted in *The Renaissance: Six Essays*, New York and Evanston, 1962, pp.29-54.

109 Lowry, Martin, *The World of Aldus Manutius. Business and Scholarship in Renaissance Venice*, Oxford, 1978.

82 Grafton, Anthony, *Joseph Scaliger. A Study in the History of Classical Scholarship*, I, Oxford, 1983.

83 Grafton, Anthony, *New Worlds, Ancient Texts. The Power of Tradition and the Shock of Discovery*, Cambridge, Mass., 1992.

84 Grafton, Anthony (ed.), *Rome Reborn. The Vatican Library and Renaissance Culture*, Washington and New Haven, 1993, at pp.3-46: 'The Vatican and its library'.

85 Grafton, A. and Jardine, L., *From Humanism to the Humanities. Education and the Liberal Arts in Fifteenth- and Sixteenth-Century Europe*, Duckworth, 1986.

86 Greenblatt, Stephen, *Marvelous Possessions. The Wonder of the New World*, Oxford, 1998.（S・グリーンブラット（荒木正純訳）『驚異と占有——新世界の驚き』みすず書房、1994年。）

87 Greenblatt, Stephen, *Renaissance Self-fashioning. From More to Shakespeare*, Chicago, 1984.（S・グリーンブラット（高田茂樹訳）『ルネサンスの自己成型——モアからシェイクスピアまで』みすず書房、1992年。）

88 Greenblatt, Stephen, *Shakespearean Negotiations. The Circulation of Social Energy in Renaissance England*, Oxford, 1990.（S・グリーンブラット（酒井正志訳）『シェイクスピアにおける交渉』法政大学出版局、1995年。）

89 Haines, Margaret, *The 'Sacrestia delle Messe' of the Florentine Cathedral*, Florence, 1983.

90 Holmes, G., *The Florentine Enlightenment*, London, 1969.

91 Jardine, Lisa, *Erasmus, Man of Letters. The Construction of Charisma in Print*, Princeton, 1993.

92 Jardine, Lisa, ' "O decus Italia Virgo". The myth of the learned lady in the Renaissance', *Historical Journal* 28 (1985): pp.799-819. See also [85].

93 Jardine, Lisa, *Worldly Goods. A New History of the Renaissance*, London, 1996.

94 Jones, Philip, *The Italian City-State. From Commune to Signoria*, Oxford, 1997.

95 Kelley, D. R., *The Foundation of Modern Historical Scholarship. Language,*

1983.

66 Elam, Caroline, 'Mantegna at Mantua', in [50], pp.15-25.

67 Elam, Caroline, 'Art and diplomacy in Renaissance Italy', *Journal of the Royal Society for the Arts* 136 (1988): 813-26.

68 Elias, Norbert, *The Civilising Process*, I (The History of Manners), 1939, trans., Oxford, 1978.（N・エリアス（赤井・中村・吉田訳）『文明化の過程』（上）、法政大学出版局、2010年（改装版）。）

69 Findlen, Paula, *Possessing Nature. Museums, Collecting, and Scientific Culture in Early Modern Italy*, Berkeley, 1994.

70 Fletcher, J. M., 'Isabella d'Este, patron and collector' in [50], pp.51-63.

71 Foister, S., 'Tudor collections and collectors', *History Today* 35 (1985): 20-6.

72 Franz, D. O., *Festum Voluptatis. A Study of Renaissance Erotica*, Columbus, Ohio, 1989.

73 Gilbert, Creighton, 'What did the Renaissance patron buy?', *Renaissance Quarterly* 51 (1998): 392-450.

74 Gilbert, Felix, *The Pope, his Banker, and Venice*, Cambridge, Mass., 1980.

75 Goldberg, J. (ed.), *Queering the Renaissance*, Durham, NC, 1994.

76 Goldthwaite, R. A., *Wealth and the Demand for Art in Italy*, 1300-1600, Baltimore, 1993.

77 Gombrich, E. H., 'From the revival of letters to the reform of the arts', *Essays Presented to Rudolf Wittkower*, London, 1967, pp.71-82.

78 Gombrich, E. H., *In Search of Cultural History*, Oxford, 1969.

79 Gombrich, E. H., *Norm and Form*, London, 1971, esp. 'The early Medici as patrons of Art', pp.35-57, and 'Renaissance and Golden Age', pp.29-34.（E・ゴンブリッチ（岡田温司・水野千依訳）『規範と形式』中央公論芸術出版、1999年。）

80 Gombrich, E. H., 'The Renaissance — period or movement?', in [150], pp.9-30.

81 Grafton, Anthony, *Commerce with the Classics: Ancient Books and Renaissance Readers*, Ann Arbor, 1997.

49 Carrai, S., 'Implicazioni cortegiane nel' "Orfeo" di Poliziano', *Rivista della Letteratura Italiana* 8 (1990): 9-23.

50 Chambers, D. and Martineau, J. (eds), *Splendours of the Gonzaga*, London, 1981.

51 Chartier, R., *Cultural History. Between Practices and Representations*, Oxford, 1988.（R・シャルティエ（福井憲彦）『読書の文化史――テクスト・書物・読解』新曜社、1992年。）

52 Chartier, R., *The Order of Books*, Cambridge, 1994.（R・シャルティエ（長谷川輝夫）『書物の秩序』ちくま学芸文庫、1996年。）

53 Chrisman, M. U., *Lay Culture. Learned Culture. Books and Social Change in Strasbourg*, 1480-1599, New Haven and London, 1982.

54 Cohen, T. V. and E. S., *Words and Deeds in Renaissance Rome: Trials before the Papal Magistrates*, Toronto, 1993.

55 Cohn, S. J., *The Cult of Remembrance and the Black Death*, Baltimore, 1992.

56 Cole, Alison, *Art of the Italian Renaissance Courts*, London, 1995.

57 Curtius, E. R., *European Literature and the Latin Middle Ages*, New York and Evanston, 1963.（E.R.クルツィウス（南大路振一他訳）『ヨーロッパ文学とラテン中世』みすず書房、1985年（6刷）。）

58 Davies, Martin, *Columbus in Italy*, London (British Library), 1991.

59 Davies, Martin, *Aldus Manutius. Printer and Publisher of Renaissance Venice*, London (British Library), 1995.

60 Davies, Martin, 'Humanism in script and print in the fifteenth century', in [102], pp.47-62.

61 Davis, R. C., *The War of the Fists: Popular Culture and Public Violence in Late Renaissance Venice*, Oxford, 1994.

62 Debus, A. G., *Man and Nature in the Renaissance*, Cambridge, 1978.

63 De Certeau, M., *The Mystic Fable*, I, Chicago, 1992.

64 Edgerton, S. Y., *The Renaissance Rediscovery of Linear Perspective*, New York, 1976.

65 Eisenstein, E. L., *The Printing Revolution in Early Modern Europe*, Cambridge,

Warburg and Courtauld Institutes 14 (1951), pp.137-208.

34 Black, Robert, 'The Donation of Constantine: A New Source for the Concept of the Renaissance?' in [38], pp.51-85.

35 Brotton, Jerry, *Trading Territories. Mapping the early modern world*, London, 1997.

36 Brown, Alison, 'De-civilizing the Renaissance', *Bulletin of the Society for Renaissance Studies* 15 (1997): 4-12.

37 Brown, Alison, *The Medici in Florence. The exercise and language of power*, Florence, 1992.

38 Brown, Alison (ed.), *Language and Images of Renaissance Italy*, Oxford, 1995.

39 Brown, Judith, 'Prosperity or hard times in Renaissance Italy', *Renaissance Quarterly* 42 (1989): 761-80.

40 Brown, J. C. and Davis, R. C. (eds), *Gender and Society in Renaissance Italy*, London, 1998.

41 Brown, Patricia Fortini, '*Renovatio* or *Conciliatio?* How Renaissances happened in Venice', in [38], pp.127-54.

42 Brown, Patricia Fortini, *Venice and Antiquity. The Venetian Sense of the Past*, New Haven and London, 1996.

43 Brucker, Gene, 'Humanism, politics and the social order in early Renaissance Florence', *Florence and Venice: Comparisons and Relations*, I (*Quattrocento*), Florence, 1979, pp.1-11.

44 Burckhardt, Jacob, *The Civilisation of the Renaissance in Italy*, Basle, 1860, trans. S. G. C. Middlemore, London, 1950.（J・ブルクハルト（新井靖一）『イタリア・ルネサンスの文化』（上）（下）、ちくま学芸文庫、2019。）

45 Burke, Peter, 'Anthropology of the Italian Renaissance', *Journal of the Institute of Romance Studies* 1 (1992): 207-15.

46 Burke, Peter, *The Fortunes of the Courtier. The European Reception of Castiglione's* Cortigiano, Oxford, 1995.

47 Burke, Peter, *The Renaissance Sense of the Past*, London, 1969.

48 Burns, H., 'The Gonzaga and Renaissance architecture', in [50], pp.27-38.

アヴェッリ（池田廉訳）『君主論』中公クラッシックス、2001年。）
23 Medici, Lorenzo de', '*Novella di Giacoppo*' in Opere, ed. E. Bigi, Turin, 1995, pp.603-18.
24 Melancthon, P., 'In laudem novae scholae', *Werke*, III, Tubingen, 1961.
25 Rabelais, F., *Gargantua and Pantagruel*, trans. J. M. Cohen, London (Penguin), 1955.（F. ラブレー（渡辺一夫訳）『ガルガンチュワとパンダグリュエル物語』1-5、岩波文庫、1996年。）
26 Rucellai, Giovanni, Memoirs, ed. A. Perosa, *Giovanni Rucellai e il suo Zibaldone*, London, 2 vols, I (text), 1960, II, 1981.
27 Vasari, Giorgio, *Le vite de' piū eccellenti pittori, sculptori e architettori*, ed. R. Bettarini and P. Barocchi, Florence, 1967; trans. Everyman, London, 1963,4 vols; abridged by G. Bull in Penguin Classics as *Lives of the Artists*, London, 1965.（G・ヴァザーリ（森田義之他監修）『芸術家列伝』1-5、中央公論芸術出版、2015-2017。）
28 Vespasiano da Bisticci, Le vite, ed. A. Greco, 2 vols, Florence, 1970-76, trans. W. G. and E. Waters, *Renaissance Princes, Popes and Prelates*, New York, 1963.（V・ダ・ビスティッチ（岩倉具忠・岩倉翔子・天野恵訳）『ルネサンスを彩った人々――ある書籍商の残した『列伝』』臨川書店、2000年。）
29 Vettori, Francesco, 'Viaggio in Alamagna', *Scritti storici e politici*, ed. E. Niccolini, Bari, 1972, pp.13-132.

二次史料

30 Baron, H., *The Crisis of the Early Italian Renaissance*, 2nd edn, Princeton, NJ, 1966, criticised (with Baron's reply) by J. E. Seigel, *Past and Present* 34 (1966) and 36 (1967).
31 Baxandall, M., *The Limewood Sculptors of Renaissance Germany*, New Haven and London, 1980.
32 Benson, R. L. and Constable, G. (eds), *Renaissance and Renewal in the Twelfth Century*, Oxford, 1982.
33 Billanovich, G., 'Petrarch and the textual tradition of Livy', *Journal of the*

11 Bracciolini, Poggio, Letters, trans. P. W. G. Gordan, *Two Renaissance Book Hunters. The Letters of Poggius Bracciolini to Nicolaus de Niccolis*, New York and London, 1974.

12 Bruni, Leonardo, *Dialogues to Pier Paulo Vergerio, trans. in The Three Crowns of Florence*, eds. D. Thompson and A. F. Nagel, New York, 1972, pp.19-52; 'On the constitution of the Florentines' in [4], pp.140-4.（L. ブルーニ「ピエトロ・パオロ・イストリアーノに献じられた対話篇」、池上俊一監修『原典イタリア・ルネサンス人文主義』名古屋大学出版会、2009年。）

13 Bruni, Leonardo, Laudatio, trans. in *The Earthly Republic*, eds. B. G. Kohl and R. G. Witt, Manchester, 1978, pp.135-75.

14 Elyot, Sir Thomas, *The Book Named the Governor*, London, 1962.

15 Erasmus, Desiderius, *The Praise of Folly*, trans. H. H. Hudson, Princeton, NJ, 1941.（D. エラスムス（沓掛良彦）『痴愚神礼賛――ラテン語原典訳』中公文庫、2014年。）

16 Ficino, Marsilio, *The Letters*, a selection, 5 vols, London, 1975.

17 Gardiner, Stephen, *A Machiavellian Treatise*, ed. P. S. Donaldson, Cambridge, 1975.

18 Guicciardini, Francesco, *Dialogue on the Government of Florence*, trans. A. Brown, Cambridge, 1994.（F. グィッチァルデイーニ（末吉孝州訳）『フィレンツェの政体をめぐっての対話』太陽出版、2000年。）

19 Guicciardini, Francesco, *Maxims and Reflections (Ricordi)*, trans. M. Domandi, Philadelphia, 1965.（F. グィッチャルディーニ（永井三明訳）『政治と人間をめぐる断章―リコルディ』中公クラッシックス、2018年。）

20 Machiavelli, Niccolo, *The Discourses*, ed. B.Crick, trans. L. J. Walker, London (Penguin), 1970.（N. マキアヴェッリ（永井三明訳）『ディスコルシ――「ローマ史」論』ちくま学芸文庫、2011年。）

21 Machiavelli, *Lettere*, ed. F. Gaeta, Milan, 1961.（N・マキアヴェッリ『マキアヴェッリ全集6: 政治評論・書簡』筑摩書房、2000年。）

22 Machiavelli, *The Prince*, trans. M. Bull, London (Penguin), 1961.（N・マキ

文献目録

一次史料

史料集

1 *The Portable Renaissance Reader*, Penguin, London, 1953.

2 Cassirer, E., Kristeller, P. O. and Randall, J. H. (eds), *The Renaissance Philosophy of Man*, Chicago and London, 1948.

3 Chambers, D. S. (ed.), *Patrons and Artists in the Italian Renaissance*, London, 1970.

4 Cochrane, E. and Kirshner, J. (eds), *The Renaissance*, Chicago, 1986.

5 Gilbert, C. E. (ed.), *Italian Art, 1400-1500. Sources and Documents*, Englewood Cliffs, NJ, 1980.

6 Ross, Janet (ed.), *Lives of the Early Medici as told in their Correspondence*, London, 1910.

個別著作

7 Alberti, Leon Battista, On the family, trans. R. N. Watkins as *The Family in Renaissance Florence*, Columbia University Press, New York, 1969; another translation in [4], pp.78-104.（L. B. アルベルティ（池上俊一・徳橋曜訳）『家族論』講談社、2010年。）

8 Alberti, Leon Battista, *On painting and On sculpture*, ed. and trans. C. Grayson, London, 1972.（L. B. アルベルティ（三輪福松訳）『絵画論』中央公論芸術出版（改訂新版）、2011年。同（森雅彦訳）『芸術論』中央公論美術出版（新装普及版）、2011年。）

9 Ascham, R., *The Scholemaster*, 1570, ed. L. V. Ryan, Ithaca, NY, 1967.

10 Bodin, Jean, *The Six Bookes of a Commonweale*, trans. R. Knolles, 1606, reprinted 1962; abridged version by M. J. Tooley, Oxford, 1967.

【ヤ行】

【ラ行】

【マ行】

【ナ行】

【ハ行】

【タ行】

【サ行】

【カ行】

索　引

著者

アリソン・ブラウン（Alison Brown）

ロンドン大学ロイヤル・ホロウェイ・カレッジ歴史学科名誉教授。15世紀末から16世紀初頭のフィレンツェ政治文化史を専門分野とする、現代におけるイタリア・ルネサンスに関する主導的研究者の一人。著作として *Bartolomeo Scala,1430-1497, Chancellor of Florence: the humanist as bureaucrat*, Princeton, Princeton Univ. Press, 1979. *The Return of Lcuretius to Renaissance Florence*, Cambridge, Harvard Univ. Press, 2010, *Medicean and Savorarolan Florence: the interplay of politics, humanism, and religion*, Brepols, 2011, *Piero di Lorenzo de'Medici and the Crisis of Renaissance Italy*, Cambridge Univ. Press, 2020などがある。

訳者

石黒盛久（いしぐろ・もりひさ）

1963年名古屋市に生まれる。筑波大学大学院博士課程歴史人類学研究科し学専攻課程修了。博士（文学）。現在、金沢大学人間社会学域歴史言語文化学系教授。専攻は西洋史学。主な著書に『マキアヴェッリとルネサンス国家－言説・祝祭・権力』（風行社、2009）などが、主な訳書にボテロ『国家理性論』（風行社、2015）、ボテロ『都市盛衰原因論』（水声社、2019）、『マキァヴェッリ全集第6巻　政治小論・書簡』（共訳、筑摩書房、2000）などがある。

喜田いくみ（きた・いくみ）

1987年金沢市に生まれる。金沢大学人間社会環境研究科博士前期課程修了。現在、同大学博士後期課程在学中。修士（文学）。専門はルネサンス・ヴェネツィア美術史。論文：「ジョヴァンニ・ベッリーニのパーラ式祭壇画における空間表現とその発展」（『エクフラシス』6、2016）など。

イタリア・ルネサンスの世界

2021年11月10日　初版第１刷印刷
2021年11月20日　初版第１刷発行

著　者　アリソン・ブラウン
訳　者　石黒盛久
　　　　喜田いくみ
発行者　森下紀夫
発行所　論 創 社
　　　　東京都千代田区神田神保町 2-23　北井ビル
　　　　tel. 03（3264）5254　fax. 03（3264）5232
　　　　振替口座 00160-1-155266
　　　　http://www.ronso.co.jp/
装　幀　野村　浩
組　版　中野浩輝
印刷・製本　中央精版印刷

ISBN978-4-8460-2070-5